Dieter Laux

Bürokratie ist nur Kopfsache!

*oder „Die öffentliche Verwaltung ist viel besser als sie
und ihre Kundinnen und Kunden es für möglich halten!"*

Der Herausgeber:

Dr. Dieter Laux ist Lehrbeauftragter für Betriebswirtschaftslehre im Fachbereich Verwaltung der Hochschule für Polizei und Verwaltung (HfPV) in Wiesbaden. Im Hauptamt verantwortet er das strategische Bildungsmanagement der
Polizeiakademie Hessen. In Seminaren zu Personalmanagement versucht er
gemeinsam mit Bachelor- und Masterstudierenden zu ergründen, wie der öffentliche Dienst durch neue Sichtweisen sein Personalmanagement optimieren
könnte.

Basis:

Die in diesem Buch dargestellten Beiträge basieren grundsätzlich auf Hausarbeiten, die im Wahlpflichtseminar „Bürger als Kunden" von Studierenden
(VWI-2-14-01 und VWI-2-14-02) des Studiengangs Bachelor of Public Management erbracht wurden. Sie bilden die Rahmenstruktur der Betrachtung.
Die Texte wurden überarbeitet und für den Kontext „Bürokratie" neu aufgesetzt. Allerdings wurden die sehr interessanten Grundideen der jeweiligen
Arbeiten mit spannenden Textteilen beibehalten. Die Erarbeitung der Grund-
texte erfolgte in Gruppenarbeit. Die Autorinnen und Autoren werden hier insoweit jeweils als Gruppe genannt.

*Abbildung auf dem Cover: Presenter Media (http:www.presenterMedia.com)
mit ID 97783.*

Bibliografische Information der Deutschen Nationalbibliothek:
*Die Deutsche Nationalbibliothek verzeichnet diese Publikation in der Deut-
schen Nationalbibliografie; detaillierte bibliografische Daten sind im Internet
über http://dnb.dnb.de abrufbar.*

© 2016 Dr. Dieter Laux

Herstellung und Verlag: BoD - Books on Demand, Norderstedt

ISBN: 978-3-8391-2597-7

Inhaltsverzeichnis

Abkürzungsverzeichnis

BVW	Betriebliches Vorschlagswesen
cip	continuous improvement process (siehe KVP)
dib	Deutsches Institut für Betriebswirtschaftslehre
EC	Electronic Card
EGovG	Gesetz zur Förderung der elektronischen Verwaltung sowie zur Änderung weiterer Vorschriften
GG	Grundgesetz
H&M	Hennes & Mauritz
HfPV	Hochschule für Polizei und Verwaltung
HGO	Hessische Gemeindeordnung
HLöG	Hessisches Ladenöffnungsgesetz
HMG	Hessisches Meldegesetz
HVwVfG	Hessisches Verwaltungsverfahrensgesetz
IT	Informationstechnologie
Kfz	Kraftfahrzeug
KVP	Kontinuierlicher Verbesserungsprozess
ÖPNV	Öffentlicher Personennahverkehr
PAuswG	Personalausweisgesetz
Pkw	Personenkraftwagen

Vorwort

Bei diesem Buch handelt es sich grundsätzlich um eine wissenschaftlich orientierte Arbeit. Dennoch wurde aus Gründen der besseren Lesbarkeit auf bestimmte wissenschaftliche Standards wie das Zitieren im Text verzichtet.

Das Buch wurde in drei Abschnitte unterteilt. Damit wird dem Ansatz der Serie von Büchern des Autors über die Forschung zur öffentlichen Verwaltung in der Hochschule für Verwaltung und Polizei (Fachbereich Verwaltung in Wiesbaden) nachgegangen.

Es geht darum, ein Grundthema mit kurzen Beiträgen aus unterschiedlichen Richtungen zu beleuchten und so die Leserinnen und Leser an das Gesamtthema heranzuführen.

Dieses Buches ist gegliedert in:

Persönlicher Rahmen

- Bürokratie im Kopf: In diesem Kapitel werden theoretische Grundlagen zum Thema gelegt, um eine Ausgangsbasis für die Bezeichnung „Bürokratie" und eine Einstellung dazu zu erhalten.

- Verwaltungspersonal neu aufstellen: Das Verwaltungspersonal ist derzeit mit einer besonderen Rechtsausprägung ausgestattet. In diesem Kapitel wird dem Gedanken nachgegangen, wie man beispielsweise die Verwaltungsbeamten ausbilden müsste, um sie für ein anderes Denken in ihrem Dienst zu sensibilisieren und damit möglicherweise neu aufzustellen.

- Bürgernahe Verwaltungssprache: Die in Verwaltungen gesprochene Fachsprache entwickelt immer wieder eine abschreckende Wirkung auf Bürger. Dem Verwaltungspersonal scheint dies aber nicht bewusst zu sein. Dieses Kapitel nimmt den Gedanken auf, wie eine Annäherung ermöglicht werden könnte.

Organisatorischer Rahmen

- <u>Kundenorientierung aus der Wirtschaft</u>: Wenn externe Berater oder Beobachter die öffentliche Verwaltung analysieren, weisen sie immer wieder auf die Kundenorientierung der Wirtschaft hin. Dieses Kapitel geht der Frage nach, welche Wege die Wirtschaft verfolgt und inwieweit diese Ansätze für die Verwaltung von Interesse wären.

- <u>Öffnungszeiten der Verwaltung</u>: Noch immer scheint sich bürokratisches Verhalten der öffentlichen Verwaltung vor allem in den von der Wirtschaft abweichenden Öffnungszeiten zu manifestieren. Dieses Kapitel vergleicht die Ansätze der Wirtschaft und der öffentlichen Verwaltung miteinander und versucht, Lösungsansätze zu finden.

- <u>Service durch Digitalisierung</u>: In diesem Kapitel wird der Frage nachgegangen, wie sich die elektronische Kommunikation auf die Sichtweise zum Begriff „Bürokratie" auswirken kann.

- <u>Kontinuierlicher Verbesserungsprozess</u>: Der öffentlichen Verwaltung wird immer wieder auferlegt, sie möge sich verbessern. Dieses Kapitel geht der Frage nach, ob hierzu ein kontinuierlicher Verbesserungsprozess hilfreich sein könnte.

Undenkbarer Rahmen?

- <u>Wahlrecht der Bürger</u>: Ein Wahlrecht für Bürger? Dieser Ansatz scheint gerade für das ältere Verwaltungspersonal undenkbar zu sein. Immerhin sind doch Gesetze einzuhalten. Dieses Kapitel geht der Frage nach, ob die Sichtweise berechtigt ist oder ob es doch noch andere Blickwinkel geben könnte.

- <u>Werbung durch die öffentliche Verwaltung</u>: Die öffentliche Verwaltung soll Werbung betreiben? Auch dieser Ansatz wird gerne als utopisch abgetan. Dieses Kapitel geht der Frage nach, ob in der Utopie nicht doch ausreichend Realität einzusetzen ist und sich gerade die öffentliche Verwaltung auch um Werbung Gedanken machen sollte.

Das engagierte, offene und selbstkritische Arbeiten der Arbeitsgruppen hat mich begeistert und erst dazu motiviert, dieses Buch mit der Ausrichtung auf Bürokratie zu erstellen.

Ich danke allen Seminarteilnehmenden für die interessanten Ansätze, die sie in ihren Hausarbeiten gefunden haben.

Dr. Dieter Laux   im April 2016

Einleitung

Die Durchführung von Unterricht an der HfPV gehört zu den interessantesten und lehrreichsten Tätigkeiten, um sich ein Bild vom aktuellen Zustand unserer öffentlichen Verwaltung zu machen. Hier sitzen Berufsanfänger, die gerade eben ihren Schulabschluss feiern konnten, zusammen mit Aufstiegsbeamtinnen und -beamten und „Seiteneinsteigerinnen und Seiteneinsteigern" aus der Bundeswehr zusammen in einem Klassenraum und lernen die öffentliche Verwaltung sowohl aus einer theoretischen Hochschulperspektive als auch in berufspraktischen Studienzeiten kennen.

Wenn man wie ich das Glück hat, in mehreren Semestern des Bachelorstudiengangs und dann noch beim Masterstudiengang unterrichten zu dürfen, merkt man eine interessante Wandlung, die gerade die jungen Menschen während dieser Zeit durchlaufen. Stellen sie im ersten Semester noch einen Querschnitt der Gesellschaft mit allen Facetten der unterschiedlichen Sichtweisen gegenüber der öffentlichen Verwaltung dar, wandelt sich dieser Eindruck mit zunehmender Studiendauer.

Als Lehrbeauftragtem ist es mir immer wieder eine besondere Freude, gerade in den ersten Studienabschnitten folgende provokative Fragestellung an die Studierenden heranzutragen: „Warum seid Ihr eigentlich hier? Habt Ihr keinen anderen Beruf finden können? Seid Ihr etwa diejenigen, die die Wirtschaft nicht wollte?". Mit diesem Ansatz möchte ich die Motivation der Studierenden für eine Verwaltungslaufbahn feststellen. Die Provokation der Fragestellung soll zur offenen Diskussion führen und vor allem die Studierenden davon abhalten, auswendig gelernte Werbeinformationen des öffentlichen Dienstes „abzuspulen".

Immerhin muss man bedenken, dass Lehrende in einer Hochschule von Studierenden durchaus noch als „hochgestellte" Persönlichkeiten angesehen werden. Eine Promotion des Lehrenden verstärkt diesen Eindruck, so dass sich Studierende erfahrungsgemäß auf eine formale Nachfrage auch eher standardisiert und formal äußern würden. Die Provokation bringt sie „auf Augenhöhe" mit dem Lehrenden und hält sie von Standardantworten ab. Die Antworten begeistern mich dann auch immer wieder, denn sie sind teilweise von Empörung begleitet. Es stellt sich meist heraus, dass die Studierenden die Berufswahl bewusst angegangen sind. Sie finden den Beruf der Verwaltungsbeamtin bzw. des Verwaltungsbeamten mit seinem Facettenreichtum interessant und möchten sich hier verwirklichen bzw. Karriere machen.

Auf die von mir erzielte erste Empörung folgt dann meist meine nächste Provokation: „Seid Ihr denn Bürokraten? Ist euch nicht klar, welche Stereotype über unseren Beruf kursieren? Was bedeutet es denn für euch, wenn die Stereotype stimmen würden?". Auch darauf erfolgen im Regelfall mich beruhigende und interessante Reaktionen. Die jungen Menschen sehen die negative Stimmung gegenüber dem Verwaltungsberuf entweder gar nicht oder sie halten sie eher für unbedeutendes Beiwerk dieses speziellen Berufs.

Die lebensälteren Studierenden sehen dem nicht mehr so offen entgegen. Sie haben bereits eine bestimmte Berufserfahrung im öffentlichen Dienst gemacht und können die negativen Stereotype gegenüber den Mitgliedern der öffentlichen Verwaltung nicht nur leicht nachvollziehen, sondern sie sind erschreckenderweise sogar zahlreich in der Lage dafür praktische Beispiele aus ihrem eigenen Berufsleben zu nennen.

Dies korrespondiert dann wiederum mit meinen Erfahrungen in späteren Semestern, vor allem bei gemeinsamen Diskussionen mit den Masterstudenten. Offensichtlich ist die Praxis des öffentlichen Dienstes für seine Mitglieder so prägend, dass sie sich den bekannten Stereotypen eher hingeben, als sich gegen sie aufzulehnen. Teilweise wird den Stereotypen sogar ein gewisses Maß an „absoluter Wahrheit" beigemessen (nach dem Motto: „Das ist nun mal so!").

Zu den Stereotypen scheinen vor allem zu gehören:

- „Beamte sind steif und alles andere als flexibel!".
- „Die öffentliche Verwaltung kann sich nur an ihre Gesetze halten und verliert dabei das menschliche Verhalten gegenüber den Bürgern!".
- „Bei Behörden wird man behandelt wie ein Bittsteller!".

Wenn diese Stereotype stimmen, stellt sich die Frage, warum das so ist und ob das so sein muss. Immerhin bemühen sich politische Verantwortungsträger und Behörden stetig darum, die öffentliche Verwaltung zu verbessern und Modelle der Wirtschaft in die öffentliche Verwaltung zu integrieren. Erste Erfolge dazu scheint es durchaus zu geben.

Und trotzdem lässt sich – allen Optimierungsversuchen zum Trotz – das Standardstereotyp „Der öffentliche Dienst ist bürokratisch!" nicht aus der Welt schaffen.

Ist der öffentliche Dienst folglich per se bürokratisch? Kann er gar nicht anders als bürokratisch zu sein oder gehen die ständigen organisatorischen Anpassungsbemühungen den öffentlichen Verwaltungen gegenüber nur am Thema vorbei?

Vielleicht sind die Sichtweisen zur Thematik Bürokratie und die Verbesserungsansätze zu sehr auf Strukturen ausgerichtet, ohne dabei die Menschen mit ihren Eigenarten näher zu betrachten. Es scheint so, als würden die Optimierer vom Grundsatz ausgehen „Strukturen machen Menschen!". Dem wird hier deutlich widersprochen. Vielmehr wird in diesem Buch vom Grundsatz ausgegangen:

> *„Menschen machen Strukturen aus!"*

Ein einfaches Gedankenspiel soll dies „belegen":

> *Starke Strukturen werden nicht helfen, schwachem Personal zu einer TOP-Leistung zu verhelfen.*
>
> *Starkes Personal wird sich aber nicht durch das Vorhandensein schwacher Strukturen von einer TOP-Leistung abhalten lassen.*

Insoweit soll in diesem Buch dem Gedanken nachgegangen werden, ob Bürokratie womöglich gar kein real messbares Abbild darstellt, sondern sich vielleicht nur im Kopf der Handelnden und der Betrachter abspielt.

Wäre dem so, würde es noch nicht einmal ein eigenes Thema abbilden, sondern Bürokratie wäre dann letztlich nur noch eine Sonderform von Wahrnehmung und Kommunikation. Darauf könnte dann mit Methoden der Wahrnehmung und Kommunikation reagiert werden.

Muss man das Verwaltungspersonal also möglicherweise nur aufklären, anstatt es durch externe Berater ständig über ein richtiges Verhalten wie in der Wirtschaft zu belehren?

Hierzu ein weiteres Gedankenspiel:

> **Mein Weg zum Bürokraten:**
>
> _Der Anfang_: Ich bin Verwaltungsbeamter, motiviert und versuche vieles möglich zu machen und dabei meinen gesamten Ermessensspielraum auszuschöpfen. Wenn es mir also gelingen könnte darzustellen, dass ich alles versucht habe, wird man mir gegenüber das positiv anerkennen und sagen: „Er hat ja alles probiert!"
>
> _Dem ist aber in der Praxis nicht so._
>
> _Das Ende_: Hat mich mein Vorgesetzter durch seine persönliche Detailtreue komplett „genervt", gebe ich meine Offenheit auf, übernehme die Detailtreue meines Vorgesetzten (weil er das positiv honorieren wird) und gebe sie auch an den Bürger weiter. Damit betreibe ich nur noch „Dienst nach Vorschrift".

Die Auswirkungen in diesem Gedankenspiel werden die Bürger im Kontakt mit dem Verwaltungsbeamten als Bürokratie wahrnehmen und zu Recht kritisieren. Die Ursache ist aber keine Struktur und kein Stereotyp, sondern eine schwache Führungskraft, die das agile Verhalten eines engagierten Verwaltungsbeamten durch seine eigene persönliche Schwäche „im Keim erstickt" hat!

Je mehr es demgegenüber gelingt, das Verwaltungspersonal in seiner Arbeit zu unterstützen und es freier entscheiden zu lassen, desto mehr wird es möglich sein, Bürokratie im Kopf entweder abzubauen oder erst gar nicht entstehen zu lassen.

Dazu gehört es, althergebrachte Sichtweisen zu hinterfragen und stattdessen eine neue und vielleicht auch ungewohnte Sichtweise aufzunehmen.

Dieses Buch soll einen Beitrag dazu leisten, seine eigene Arbeit als Verwaltungsbeamte bzw. als Studierende zu hinterfragen und Mut machen, ungewöhnliche Antworten zu finden.

Persönlicher Rahmen

Bürokratie im Kopf

Um zu verstehen, warum Bürokratie etwas sein soll, das sich nach dem Ansatz dieses Buches nur im Kopf abspielt, muss man sich die Geschichte der Bürokratie anschauen.

Es war wohl Jean Claude Marie Vincent de Gournay, der als erster nach einem negativen Wort für ein bestimmtes Staatshandeln gesucht hat. Ihm wird der Ausspruch „Die Regulierungssucht des Staates lähmt die Wirtschaft!" zugesprochen. Er soll ihn als Stoßseufzer bei seinem Amtsantritt als französischer Handelsminister im Jahre 1751 ausgestoßen haben. Gournay hatte das merkantilistische Verwaltungssystem von Jean-Baptiste Colbert (Finanzminister bei Ludwig XIV.) entnervt zur Kenntnis genommen und sich massiv darüber geärgert.

Eingerichtet wurde das etwa hundert Jahre zuvor aufgebaute System zu einem sinnvollen Zweck. Immerhin waren Korruption, Willkür und Ineffizienz am Hofe des Sonnenkönigs in einer Blütezeit und es galt, diesem „Herr zu werden". Also erdachte Colbert ein hierarchisches Verwaltungssystem und sah vor, dass es als ein von Regeln geprägtes System etabliert wurde. In diesem System sollten die Beamten – die es natürlich damals schon gab – eben nicht mehr nach Gutdünken entscheiden. Auch sollte das gesellschaftliche Ansehen der vor ihnen stehenden Personen nicht mehr den Ausschlag für eine durchzuführende Handlung geben. Zu dieser Zeit war es möglich, sich Handlungen des Staates quasi zu „erkaufen".

Stattdessen wurden den Beamten Vorschriften und die Pflicht vorgegeben, sich an die rechtlichen Vorgaben präzise zu halten.

Ob es jetzt diese Vorschriften oder letztlich der von den Beamten durchgeführte Dienst nach Vorschrift war, der Gournay nervte, scheint nicht ganz klar zu sein. Zumindest beschimpfte Gournay das gesamte System schließlich als „bureaucratie", übersetzt mit „Herrschaft der Schreibtische".

Die ursprüngliche Problematik hat sich bis in die heutige Zeit erhalten. Der Soziologe Max Weber hat dieses Handeln nach Regeln durch das Berufsbeamtentum als eine positive Errungenschaft der modernen Gesellschaft beschrieben und so der ursprünglich negativen Wortschöpfung „Herrschaft der Schreibtische" einen positiven Sinngehalt gegeben.

Gerade die Trennung von Amt und Person sowie die Objektivität über das Handeln nach verbindlichen Regeln stellen sich nach Weber als Grundlagen einer effektiven Staatsarbeit heraus. Dazu dient insbesondere die schriftliche Dokumentation der Arbeit einer öffentlichen Verwaltung, damit die von ihr erzeugten Verwaltungsvorgänge von berechtigten Stellen und Personen nachgeprüft werden können.

Die negative Wortschöpfung in eine positive umzuwandeln, ist allerdings versäumt worden. Insoweit muss man sich darüber im Klaren sein, dass trotz der Arbeit von Weber noch immer mit Bürokratie die ursprüngliche Wortschöpfung „Herrschaft der Schreibtische" erhalten geblieben ist. Es fällt daher durchaus schwer, von einer positiven Bürokratie zu sprechen. Wenn diese positive Ausrichtung gemeint ist, muss man wohl noch immer auf den Ansatz von Weber hinweisen.

Folgen wir den Ansätzen von Gournay und Weber. Wenn sich also im Sinne von Gournay Beamte negativ starr an Regeln halten, ist dies nach Ansicht von Weber viel eher ein Qualitätsmerkmal für die Berufsauffassung von Beamten. Die Frage ist allerdings, ob beide Sichtweisen wirklich voneinander abweichen, wie es bei der ersten Betrachtung zu sein scheint.

Es scheint nämlich auch plausibel zu sein, dass Gournay nicht die als starr angesehenen Verhaltensweisen der Beamten gestört hatte, sondern viel eher die zu starren Regeln und der Umstand, dass sich die exakt nach Regeln arbeitenden Beamten eben nicht flexibel verhalten haben, sondern die Regeln genauso starr zur Geltung gebracht haben, wie sie geschrieben waren.

Insoweit scheint das Ursprungsproblem zwar auch etwas mit einer geringeren Flexibilität von Beamten zu tun zu haben. Das überwiegende Problem liegt aber wohl eher in der Starrheit der den Beamten vorgegebenen Regeln. Wie starr solche Regeln ausgestaltet werden können, hat beispielsweise die Bundeswehr noch bis Ende des 20. Jahrhunderts gezeigt. Sie hat ihren Soldaten vorgeschrieben, „ab einer Wassertiefe von einem Meter mit Schwimmbewegungen zu beginnen". Die Sinnhaftigkeit dieser Vorschrift ist wohl zwischenzeitlich ausreichend in Zweifel gezogen worden, sie wurde immerhin gestrichen.

Würde sich also ein Soldat (bzw. in unserem Fall ein Verwaltungsbeamter bei einer exakt ausgeprägten Vorschrift) an genau diese Vorschrift halten, dürfte er bei einer Wassertiefe von 0,99 Meter noch nicht mit Schwimmbewegungen beginnen. Fraglich ist allerdings, wie er denn feststellen soll, wann genau der für die gültige Ausführung der Vorschrift noch notwendige Zentimeter hinzugekommen sein wird. Das Wasser wird sich schließlich nicht komplett unbewegt verhalten. Der Soldat wird es in der realen Welt mit Wellen zu tun haben. Diese werden dazu führen, dass er Schwimmbewegungen ausführen darf, wenn die Welle kommt und somit der geforderte Meter überschritten ist. Er wird aber gleich wieder mit den Schwimmbewegungen aufhören müssen, wenn die Wellenspitze vorbei ist und das nun kommende Wellental die Wasserhöhe wieder unter den einen Meter fallen lässt.

Führt der Soldat die Vorschrift bei Wellengang im Grenzbereich von einem Meter exakt aus, würde ein nicht über die Vorschrift informierter Betrachter das Verhalten des Soldaten als merkwürdig bezeichnen. Erhielte er dann die Information über die Vorschrift, würde er sicherlich den Soldaten als Bürokraten bezeichnen und meinen, dass man doch dann sinnvollerweise von der unsinnigen Vorschrift abweichen soll.

Weber hat diese Grundproblematik vorausgesehen und in Bezug auf die Wirtschaft angeführt, dass sich „in einer auf universeller Marktverschlungenheit ruhenden Wirtschaft die möglichen und ungewollten Nebenerfolge einer Rechtsvorschrift weitgehend der Voraussicht der Schöpfer der letzteren entziehen, weil sie ja in der Hand der privaten Interessenten liegen. Gerade sie können aber den beabsichtigten Zweck der Vorschrift im Erfolg bis zur Umkehrung ins gerade Gegenteil entstellen".

Damit hat Weber herausgestellt, dass sich das reale Leben nicht in einer exakt abzuarbeitenden Vorschrift einbinden lässt, zumal sich das Leben weit schneller entwickelt, als eine Vorschrift „nachgezogen" werden kann. Immerhin wird von Gesetzen und Vorschriften ein gewisses Maß an Stabilität erwartet, damit sich eine Vielzahl Menschen darauf einstellen und an die Vorgaben halten können. Dies schließt aus, dass ein Gesetz bzw. eine Vorschrift ständig in kurzen Abständen geändert werden kann.

Wenn also kritisiert wird, die Änderung von Gesetzen dauere zu lange, kann das zwar den tatsächlichen Sachverhalt wiedergeben. Aber es kann sich auch um ein Unverständnis des Aussagenden gegenüber der Systematik von Rechtsvorschriften handeln.

Diese müssen nämlich qualitativ hochwertig und handwerklich solide aufgesetzt sein, um möglichst viele Konsequenzen der Vorschrift für die nächsten Jahre in einer sich ändernden Lebenswirklichkeit bedacht zu haben.

Insofern kann also auch angenommen werden, dass grundsätzlich nicht das Recht und das Beamtentum die kritisierten Überregulierungen herbeiführt, sondern dass es sich letztlich um eine vom Gesetzgeber nicht vorhergesehene bzw. nicht vorhersehbare Flexibilität handelt. Also muss grundsätzlich davon ausgegangen werden, dass das aktuelle Recht stets Lücken enthält bzw. Entwicklungen nicht vorhersieht. Weber hat dies auch vorhergesehen und schränkte deshalb ein, dass eben nicht alle Lebensumstände vorhersehbar seien.

Dieses Dilemma muss das Verwaltungspersonal auffangen. Einerseits hat es sich verpflichtet, dem gültigen Recht Geltung zu verschaffen, andererseits ist es nicht seine Aufgabe, Lücken im Recht zu finden, um Gesetzesänderungen anzustoßen. Im Sinne von Weber und mit Blick auf das Verwaltungssystem des Sonnenkönigs kann es aber auch nicht die Aufgabe des Verwaltungspersonals sein, Gesetzeslücken selbst zu schließen.

Wäre dies möglich, würde sich die Frage stellen, welche Rechtsvorschriften nicht zu beachten sind und wie das Verwaltungspersonal feststellen soll, dass genau diese Rechtsvorschrift in der vorliegenden Situation nicht eingehalten werden muss. In der Konsequenz würde wieder nach Gutdünken entschieden, wenn jeder einzelne Verwaltungsbeamte für sich selbst entscheiden dürfte, ob und wann eine Vorschrift sinnvoll ist oder nicht.

Der Gesetzgeber hat die Problematik erkannt und dem Verwaltungspersonal ein eng gestecktes und überprüfbares Werkzeug an die Hand gegeben: das Ermessen bzw. der Ermessensspielraum. In den Rechtsvorschriften werden Handlungsmöglichkeiten in das Ermessen (also den Entscheidungsspielraum) des Verwaltungspersonals gelegt, wenn dies seitens des Gesetzgebers so gewollt ist. Dazu muss sich der Gesetzgeber im Einzelfall Gedanken darüber machen, ob das Verwaltungspersonal die Vorschrift in der Präzision ausführen soll, die er sich gedacht hat. Das kann in bestimmten Fällen sinnvoll sein. Andernfalls wird er ihm Ermessensmöglichkeiten geben müssen.

Da allerdings auch der Ermessensspielraum in einer Rechtsvorschrift nur grob dargestellt werden kann, ohne die Grenzen exakt im sich wandelnden Leben festzuschreiben, ist es Aufgabe der Rechtsprechung, die Auslegung der Vorschriften zum Ermessen zu überprüfen. Das Verwaltungspersonal ist deshalb auch gehalten, sich über den Stand der Rechtsprechung zu informieren, um den sich weiterentwickelnden Umfang des eigenen Ermessens in Grenzfällen beurteilen bzw. nachvollziehen zu können.

Im Fall der vorgenannten ehemaligen Bundeswehrvorschrift über das Einsetzen von Schwimmbewegungen könnte also eine Vorschrift lauten, dass der Soldat mit Schwimmbewegungen beginnen soll, wenn er nach Einschätzung der Lage zur Erkenntnis kommt, dass ansonsten seine Gesundheit gefährdet wäre.

Das führt dann allerdings wieder zur nächsten Problemstellung. Der Soldat muss eine Lage beurteilen und eine zutreffende Entscheidung treffen können. Das setzt sowohl eine diesbezügliche persönliche Eignung und eine auf die Fachthematik ausgerichtete Ausbildung voraus. Immerhin wäre der Kontext des Falles zu betrachten. Befindet sich der Soldat beispielsweise in Norddeutschland im Wattenmeer und es handelt sich beim steigenden Wasser um die Flut, müsste er nicht nur mit Schwimmbewegungen beginnen, sondern er müsste zusätzlich die körperliche Fitness besitzen, der Strömung zu trotzen und bis ans Land schwimmen zu können.

Insoweit reicht es nicht aus, eine bestimmte Vorschrift zu kennen und motiviert zu sein, diese auch dem Wortlaut nach anzuwenden. Es müssen Fachkenntnisse und Befähigungen hinzukommen, um die Aufgabe, die mit der Vorschrift bezeichnet ist, auch dem Zweck bzw. dem Sinn nach zu einer erfolgreichen Umsetzung zu führen. Dazu gehört dann wiederum das Wissen um das Vorhandensein, den Umfang und die Intensität des Ermessens sowie die Befähigung, nach diesem Wissen zu handeln und so dass Ermessen korrekt und positiv für den Bürger auszuüben.

Erfahrungsgemäß entstehen im Unterricht einer Hochschule und damit vermutlich auch in der Praxis einer Behörde Problemstellungen:

- Das Ermessen wird oftmals nicht als Möglichkeit erkannt, eine geringere Maßnahme durchzuführen, als zunächst geglaubt. Im Unterricht wird dazu gerne der Satz genannt: „Das lässt das Gesetz nicht zu!".

Zuweilen ist aber bekannt, dass die Rechtsprechung bereits eine andere Auslegung getroffen hat und deshalb in Kenntnis dieser Rechtsprechung die Zulässigkeit sehr wohl gegeben wäre. Wer diese Rechtsprechung nicht kennt und nach dem Ansatz „ist nicht zulässig" verfährt, wird sich nach Ansicht eines informierten Betrachters (derer es viele bei den Bürgern gibt) bürokratisch verhalten.

Die Ursache wäre aber in diesem Fall kein unzureichendes Gesetz, sondern vielmehr eine unzureichende Kenntnis des Ausführenden.

- Das Ermessen wird auf eine rein an juristischen Texten orientierte Betrachtungsweise begrenzt. Stellt also ein Unterrichtender in einem wirtschaftswissenschaftlichen Fach die Frage, welche Erlaubnis gegeben sein könnte, um eine bestimmte Entscheidung selbst zu treffen, wird nur in seltenen Fällen das Ermessen genannt. Es scheint geradezu so zu sein, dass die Wirtschaftswissenschaft seitens der Studierenden gar nicht mit Rechtsausübung in Verbindung gebracht wird.

In der Konsequenz deutet dies daraufhin, dass die „Einfachheit" wirtschaftlicher Betätigung nicht als Rechtsanwendung, sondern als eine Art von „freiem" Handeln angesehen wird. Erst wenn die Studierenden auf dabei einzuhaltende Rechtsvorschriften hingewiesen und zum Begriff Ermessen geführt werden, ergibt sich ein Erstaunen in ihren Gesichtern. Verhalten sie sich in der Praxis genauso, besteht die Gefahr, dass sie nicht erkennen, dass „normales" Handeln und Rechtsausübung in der Verwaltungspraxis das Gleiche sind.

Wenn sie dann noch das Nennen von Gesetzen als „einzig wahre" Verwaltungstätigkeit ansehen, würde auch dieses Verhalten von einem informierten Betrachter als bürokratisches Verhalten angesehen.

Allerdings ist zu bedenken, dass auch die Auslegung des Rechts einem steten Wandel unterliegt.

Hinzu kommt die Wirkung eines Phänomens, das als **Thomas Theorem** bekannt ist. Es handelt sich hierbei um eine Sonderform des Umgangs mit Vorurteilen.

Thomas Theorem von D.S. Thomas (1928):

"Wenn Menschen eine Gegebenheit als real ansehen, werden sie so handeln, als sei sie real und insofern kommt es zu realen Konsequenzen für eine möglicherweise objektiv nicht vorhandene Situation".

Beispiel Wahrnehmung einer bestimmten Bekleidung als Bedrohung:

Wenn viele Menschen das Tragen bestimmter Kleidungsstücke (z.B. eine schwarze Motorradjacke) als Bedrohung ansehen, werden sie den Umgang mit Menschen, die ein solches Kleidungsstück tragen, meiden. Das grenzt die Trägerinnen und Träger der Kleidungsstücke aus. Durch diese Ausgrenzung fühlen diese sich dann selbst bedroht, so dass sie aus Angst vor dieser Bedrohung aggressiv reagieren werden. Die Aggressivität spiegelt dann genau die Bedrohung wieder, die den anderen Menschen Angst macht.

Dem Thomas Theorem folgend könnten subjektive Wahrnehmungen als objektive Wahrheit angesehen werden, so dass die betroffene Person ihr weiteres Handeln nach dieser vermeintlichen Wahrheit ausrichtet.

Wer sich also bürokratisch verhält, muss das nicht unbedingt deshalb tun, weil er das bewusst so möchte. Es kann vielmehr sein, dass er dem Thomas Theorem unterliegt und lediglich einen Sachverhalt für unumstößlich hält und diesem deshalb in der geglaubten Konsequenz folgt.

Würde sich derjenige dagegen erst davon überzeugen, ob er vielleicht dem Thomas Theorem unterlegen ist und er anderen Sichtweisen folgen könnte, wäre auch ein anderes Verhalten möglich.

Hierzu passt die Hammer-Geschichte von Watzlawick.

Hammer-Geschichte von P. Watzlawick:

„Ein Mann will ein Bild aufhängen. Den Nagel hat er, nicht aber den Hammer. Der Nachbar hat einen. Also beschließt unser Mann hinüberzugehen und ihn auszuborgen.

Doch da kommt ihm ein Zweifel: Was, wenn der Nachbar mir den Hammer nicht leihen will? Gestern schon grüßte er mich nur so flüchtig. Vielleicht war er in Eile. Vielleicht hat er die Eile nur vorgetäuscht, und er hat etwas gegen mich. Und was? Ich habe ihm nichts getan; der bildet sich da etwas ein.

Wenn jemand von mir ein Werkzeug borgen wollte, <u>ich</u> gäbe es ihm sofort. Und warum er nicht? Wie kann man einem Mitmenschen einen so einfachen Gefallen abschlagen? Leute wie dieser Kerl vergiften einem das Leben. Und dann bildet er sich noch ein, ich sei auf ihn angewiesen. Bloß weil er einen Hammer hat. Jetzt reicht's mir wirklich. – Und so stürmt er hinüber, läutet, der Nachbar öffnet, doch bevor er „Guten Tag" sagen kann, schreit ihn unser Mann an: „Behalten Sie Ihren Hammer, Sie Rüpel!".

Mit der Hammer-Geschichte zeigt Watzlawick eindrucksvoll, wie eine Situation eskalieren kann, wenn sich die Beteiligten nicht um einen ausreichenden Informationsaustausch bemühen und es an der Kommunikation mangelt.

Gerade die öffentliche Verwaltung wird hier an sich arbeiten müssen, um nicht den Bürgern gegenüber Stereotype zu entwickeln.

Gleiches gilt aber erstaunlicherweise auch für Bürger. Interessant ist festzustellen, dass gleiche Sachverhalte anders bewertet werden, wenn entweder die Wirtschaft handelt oder die öffentliche Verwaltung, z.B.:

- Benennt ein Autohaus Lieferzeiten für den Neuwagen, wird dies ohne Klagen von den Kunden entgegengenommen und akzeptiert.

Gibt dagegen die öffentliche Verwaltung Lieferzeiten für einen Personalausweis an, wird dies gerne mit Aussagen wie „in der Wirtschaft würde das schneller gehen" oder „Ihr seid ja auch bürokratisch" kommentiert.

- Schränkt ein Pkw-Hersteller seine Modelle auf bestimmte Ausstattungsmerkmale ein, so dass bestimmte Ausstattungskombinationen nicht zusammengestellt und auch nicht gekauft werden können, wird auch dies von den Kunden klaglos akzeptiert. Einschränkungen der öffentlichen Verwaltung werden vielfach per se als bürokratisches Verhalten angesehen.

Natürlich könnte eingewendet werden, dass die öffentliche Verwaltung und die Bürger Probleme in der Kommunikation miteinander haben und alleine deshalb ein Informationsaustausch schwierig ist.

Dem lässt sich die Geschichte eines unbekannten Autors zur Thematik Kommunikation entgegenhalten. Sie trägt zwar einen auf den ersten Blick abschreckenden Titel, ist aber sehr lehrreich.

Geschichte von der Todesliste des Bären:

Große Aufregung im Wald. Es geht das Gerücht um, der Bär habe eine Todesliste.

*Der Hirsch traut sich als erster zum Bär: „Entschuldige Bär, eine Frage: Steh ich auch auf deiner Liste?".
„Ja", sagt der Bär, „du stehst auch auf meiner Liste". Voller Angst dreht sich der Hirsch um und läuft weg. Und tatsächlich, nach zwei Tagen wird der Hirsch tot aufgefunden.*

Die Angst bei den Waldbewohnern steigt immer mehr und die Gerüchteküche auf die Frage, wer denn noch auf der Liste steht, brodelt.

Das Wildschwein ist das nächste Tier, dem der Geduldsfaden reißt und darauf den Bären aufsucht, um ihn zu fragen, ob es auch auf der Liste steht. „Ja, du stehst auch auf meiner Liste", antwortet der Bär. Verschreckt verabschiedet sich das Wildschwein vom Bären. Auch das Wildschwein fand man nach zwei Tagen tot auf.

> *Nun bricht Panik bei den Waldbewohnern aus. Nur der Hase traut sich noch zum Bären.*
>
> *„Hey Bär, steh ich auch auf deiner Liste?".*
>
> *„Ja, auch du stehst auf meiner Liste".*
>
> *„Kannst du mich da streichen?".*
>
> *„Ja klar, kein Problem!".*
>
> <u>*Moral von der Geschichte:*</u>
>
> 1. *Kommunikation ist alles!*
> 2. *Es ist nicht nur wichtig, dass man Fragen stellt, man muss auch die richtigen Fragen stellen!*

Wen diese Geschichte nicht anspricht, sollte sich zumindest die Moral der Geschichte „vor Augen halten". Es geht darum, dass Kommunikation nicht nur zum Austausch von Informationen verwendet wird. Es kommt bei der Auswahl der Informationen sehr stark auf die persönliche Ausrichtung zur Information und zum Informationsempfänger an.

Wer bereits eine vorgefertigte Meinung zu Beidem hat, verschließt sich möglicherweise den weiteren Sichtweisen und Möglichkeiten, die ein Informationsaustausch zu bieten hat.

Insoweit scheint es gerechtfertigt zu sein, Bürokratie als „reine Kopfsache" zu betrachten.

Die nachfolgenden Kapitel versuchen aufzuzeigen, dass es auch andere Sichtweisen zu bekannten Sachverhalten des öffentlichen Verwaltungslebens bzw. zu Stereotypen gegenüber der öffentlichen Verwaltung gibt und dass es sinnvoll sein kann, einen diesbezüglichen Informationsaustausch sowohl in der eigenen Behörde als auch mit den Bürgern vorzunehmen.

Den anderen Sichtweisen zu folgen, könnte neue Wege aufzeigen und zu neuen Denkweisen führen.

Das Verwaltungspersonal neu aufstellen

(angelehnt am Ergebnis von Gruppe 1)

Dem Personal der öffentlichen Verwaltung wird noch immer eine zu geringe Kundennähe und ein als „überbordend" bezeichneter Hang zur Bürokratie nachgesagt. Würden diese Stereotype so stimmen, müsste das Personal neu aufgestellt werden, damit es die fehlende Kundenorientierung aufnimmt und dieser „neuen" Ausrichtung folgt.

Im Folgenden wird betrachtet, welche Wege hierzu in der Ausbildung bereits begangen werden und inwieweit sich die Stereotype überhaupt noch aufrechterhalten lassen.

Sichtweise der Kunden

Einem Artikel der Online-Plattform „Behörden Spiegel" lässt sich entnehmen, wie Kunden die Serviceleistungen ihrer Behörden (Befragung Mitte 2013) im Vergleich zu Unternehmen verschiedener Branchen bewerten. Das Ergebnis kann nicht zufriedenstellen, denn die Behörden erhalten mit die schlechtesten Werte.

Insoweit ist fraglich, inwiefern der Servicegedanke bei den Behörden bereits angekommen ist:

- Während Kunden in Behörden im Betrachtungspunkt „Erreichbarkeit" nach drei bis vier Minuten mit einer Gegenstelle, die das Problem lösen kann, verbunden wird, schafft es der Handel in unter zwei Minuten.

- Im Betrachtungspunkt „Bürgerfreundlichkeit" haben die Behörden noch immer Nachholbedarf. Knapp ein Drittel der Befragten hatte es nach eigenen Angaben mit unfreundlichen und wenig hilfsbereiten Mitarbeitern zu tun.

- Auch die Geschwindigkeit der Bearbeitung der Anliegen wurde bemängelt. Im Vergleich zu Unternehmen ist auch die Fehlerquote relativ hoch.

Würde die Befragung als Grundlage einer Betrachtung des öffentlichen Dienstes gelten können, müsste festgestellt werden, dass es der Servicegedanke der Wirtschaft noch nicht bis ins Bewusstsein der Handelnden des öffentlichen Dienstes geschafft hat. Wenn aber der Handel es schaffen kann, bei seinen Kunden eine große Zufriedenheit zu erreichen, sollte doch auch grundsätzlich die öffentliche Verwaltung als dienstleistungsorientierte Organisation über das Potenzial verfügen, eine für ihre Kunden zumindest akzeptable Zufriedenheit erreichen zu können.

Insoweit stellt sich die Frage, ob die stereotyp vorgebrachten Vorwürfe, öffentliche Verwaltungen würden noch immer alten Mustern folgen und Bürger nicht als gleichberechtigte und partnerschaftliche Kunden sehen, weiterhin gültig sind. Insoweit muss die öffentliche Verwaltung vielleicht erst noch beweisen, ob sie sich als modernes Dienstleistungsunternehmen versteht. Zumindest müsste dieser Charakter deutlich sichtbar sein und täglich konkret vom Personal vorgelebt werden.

Bürger- bzw. Kundenorientierung sind Kernaspekte des Verwaltungshandelns, deren Ausprägung bereits in der Ausbildung des Personals angelegt sein sollte. Dazu gehört der für die öffentliche Verwaltung bedeutsame Faktor der Kommunikation. Immerhin ist der überwiegende Anteil des täglichen Verwaltungshandelns mit mündlicher oder schriftlicher Kommunikation verbunden. Daher sollte dem Aspekt der Kommunikation in der Ausbildung des Personals ein entsprechend großer Stellenwert beigemessen werden.

Faktoren der Kommunikation

Zu den wesentlichen Faktoren der Kommunikation und dessen Gelingen gehören die innere Einstellung, die persönliche Erfahrung und das gelernte Wissen:

1) Innere Einstellung

   Paul Watzlawick definiert fünf Grundannahmen für das Gelingen von Kommunikation:

   - Man kann nicht nicht kommunizieren.

   - Jede Kommunikation hat einen Inhalts- und einen Beziehungsaspekt (Schulz von Thun ergänzt dies in seinem 4-Ohren-Modell um eine Selbstoffenbarung und einen Appell).

- Kommunikation ist immer Ursache und Wirkung.

- Menschliche Kommunikation bedient sich analoger und digitaler Modalitäten.

- Kommunikation ist symmetrisch oder komplementär.

Kommunikation besteht nicht allein im Austausch von Informationen. Vielmehr kommt es vor allem darauf an, dass man miteinander in Verbindung tritt. Je nach Kontext bzw. Situation ist die Verbindungsaufnahme als solche sogar noch wichtiger, als die ausgetauschten Informationen. Persönliche Erfahrungen der Kommunikationspartner stellen dabei einen erheblichen Einflussfaktor dar.

Immerhin bilden sich Menschen ihre subjektive Wirklichkeit aufgrund von persönlichen, subjektiven Erfahrungen und Urteilen. Diese subjektive Wirklichkeit kann zu überraschenden und nicht auf tatsächlichen Sachverhalten beruhenden Ergebnissen führen.

Auswirkungen in der öffentlichen Verwaltung:

Verwaltungsmitarbeiter reagieren unterschiedlich auf den gleichen Bürger, wenn sie allein ihren inneren Einstellungen nachgehen.

Hat beispielsweise der Eine persönlich negative Erfahrungen mit Menschen mit Migrationshintergrund gemacht, könnte er sich darauf basierend eine (teilweise auch unbewusste) negative innere Haltung angeeignet haben, die er dann im Umgang mit Bürgern mit Migrationshintergrund nicht mehr ablegen kann und deshalb die eigenen Erfahrungen auf sie projizieren.

Ein anderer, der noch keine negativen Erfahrungen gemacht hat, tritt dem gleichen Bürger eher offen und unvoreingenommen gegenüber.

2) Persönliche Sozialisation

Jeder Mensch hat seine eigene, ganz persönliche Lebensgeschichte. Sie ist von Werten anderer beeinflusst, so dass sich eigene Werte und eine persönliche Lebensweise entwickelt haben. Individuelle Situationen werden im Laufe des Lebens in der Interaktion mit unterschiedlichen Menschen und Gruppen erlebt. Die Summe dieser Erlebnisse prägen den Menschen und dessen Verhalten gegenüber seiner Umwelt.

Bei der Kommunikation „prallen" diese unterschiedlichen Sozialisationen aufeinander.

Auswirkungen in der öffentlichen Verwaltung:

Verwaltungsmitarbeiter müssen bei der Rekrutierung nachweisen, dass sie über Sozialverhalten verfügen und sich entsprechend in einer Testsituation artikulieren können.

Hinzu kommt, dass sie im Laufe ihrer Ausbildung mit einer spezifischen, rechtsorientierten Sprache weiter sozialisiert werden.

Verwaltungsmitarbeiter müssen sich darüber im Klaren sein, dass ihrem Gegenüber diese Sprache im Regelfall nicht geläufig ist, so dass sie die Fachsprache nicht ohne Weiteres nutzen können, denn das Gegenüber wird sie im Regelfall nicht verstehen.

---

3) Gelerntes Wissen

Das Wissen für die spätere Ausübung der Tätigkeit in der öffentlichen Verwaltung erlernen angehende Verwaltungsbeamtinnen und -beamte sowohl in der Praxisphase als auch im fachtheoretischen Unterricht der Hochschule (z.B. der Hochschule für Polizei und Verwaltung, HfPV, in Wiesbaden). Die HfPV vermittelt dieses Wissen in einer Kombination aus Selbststudium und Präsenzphasen. Beide Lernformen werden von den Studierenden unterschiedlich wahrgenommen.

Während der Wissensvermittlung in den Präsenzphasen nachgesagt wird, oftmals in „langatmigen Vortragsphasen auszuarten, die dem Lerntempo des Einzelnen nicht gerecht werden" (natürlich gibt es hierzu auch andere Sichtweisen von Studierenden), bietet das Selbststudium offensichtlich eine willkommene Abwechslung. Das Selbststudium scheint demnach dem Einzelnen die Möglichkeit zu bieten, die Themen nochmals im eigenen Tempo abzuarbeiten und relevante Aufgaben zur Übung zu bearbeiten.

Bevor das angehende Verwaltungspersonal das Gelernte anwenden können, erfolgt eine sechsmonatige Theoriephase an der Hochschule. Danach kann das gelernte Wissen in der Praxis umgesetzt werden.

Insgesamt spielen die vorgenannten drei Faktoren der Kommunikation im dualen Studium der HfPV eine wichtige Rolle. Ihre Beeinflussbarkeit im Sinne einer Orientierung gebenden Ausbildung hin zu kommunikationsstarken Verwaltungsbeamtinnen und -beamten hat aber Grenzen:

- Die innere Einstellung lässt sich nur bedingt beeinflussen. Es kann aber zumindest versucht werden, den Studierenden eine positive innere Einstellung zur Kommunikation mit unterschiedlichen Kulturen zu vermitteln.

- Gleichermaßen ist es schwierig, den Faktor der persönlichen Erfahrung zu beeinflussen. Es kann lediglich versucht werden, den Studierenden von positiven Beispielen mit persönlichen Kundenkontakten zu berichten.

- Das lernbare Wissen ist letztlich diejenige Komponente, die sich unmittelbar von außen beeinflussen lässt. Die Lehrpläne wären so aufzusetzen bzw. mit der Praxis abzustimmen, dass das lernbare Wissen dort unmittelbar eingesetzt werden kann. Auch wenn die Lehrenden davon überzeugt zu sein scheinen, dass sie genau das hinbekommen, ist die Wahrnehmung bei den Studierenden doch eine andere, wie häufige Nachfragen immer wieder zeigen. Zumindest sollte in den Lehrplänen aufgenommen werden, dass auch in theoretischen Modulen der Umgang mit Kunden thematisiert wird.

Aufbau der Ausbildung in der Verwaltung

Absolventen des Bachelor-Studiengangs „Allgemeine Verwaltung" an der HfPV sollen flexibel in den Arbeitsfeldern des öffentlichen Dienstes eingesetzt werden können. Dazu soll den Studierenden ein möglichst breites Wissensangebot helfen, den eigenen Weg in eine interessante und den persönlichen Neigungen entsprechende Tätigkeit zu finden.

Die Dauer des Studiengangs beträgt sechs Semester und ist dual ausgelegt mit Praxis- sowie Studienphasen. Es werden Fach-, Methoden- und Sozialkompetenzen in juristischen, ökonomischen und sozialwissenschaftlichen Wissenschaftsbereichen vermittelt. Der Schwerpunkt liegt mit etwa 52 % bei den Rechtswissenschaften, gefolgt von den Wirtschaftswissenschaften mit etwa 31 % und den Sozialwissenschaften mit 17 %. Die Lerneinheiten sind in Module gegliedert und die Studieninhalte und Veranstaltungen im Rahmen der Module zu inhaltlichen Einheiten zusammengefasst.

Die Module

- sind jeweils durch Kompetenzziele definiert, die die zu erwerbenden Kenntnisse, Fähigkeiten und Fertigkeiten beschreiben. Ein Modul kann aus mehreren Veranstaltungen oder Lerneinheiten bestehen, deren Gemeinsamkeit darin besteht, gemeinsame Kompetenzen zu vermitteln. Insgesamt sind 15 Module zu durchlaufen.

- der Verwaltungsausbildung werden von den Rechtswissenschaften dominiert. So sind u.a. im Pflichtmodul „Verwaltungshandeln 1" Kompetenzziele wie die Beurteilung komplexer Sachverhalte (anhand rechtlicher Vorgaben) definiert und dafür 330 Stunden veranschlagt.

In Bezug auf Kommunikation existiert nur ein Pflichtmodul, das sich explizit mit der Problematik der Kommunikation befasst. In diesem Pflichtmodul „Sozialkompetenz – Selbstkompetenz" sollen die Studierenden eigenständige und kundenorientierte Verhaltensstrategien einüben, den Einfluss von Kommunikation auf die Begegnung mit Kunden verstehen, sowie interkulturelle Kommunikation und Kooperation kennen und verstehen lernen.

Zu den Inhalten des Pflichtmoduls gehört u.a. die Thematik Gesprächsführung. Es sollen Diskussionsformen angewendet, Gespräche mit Ratsuchenden, Kunden und Klienten behandelt sowie Gespräche mit „schwierigen Zeitgenossen" eingeübt werden. Aggressionsabbauende Gesprächsführung und Gespräche mit ausländischen Klienten werden gleichfalls behandelt. Für das Modul sind 45 Stunden vorgesehen.

Ein vergleichbares Pflichtmodul stellt das Teilmodul „Psychologie der Verwaltung" dar. In diesem Teilmodul sollen die Studierenden u.a. Möglichkeiten der Kommunikation lernen, sowie die Anwendung von Kommunikationsmodellen auf einfache Gesprächssequenzen. Zu den Inhalten des Teilmoduls gehören u.a. Kommunikationsmodelle, sowie die Thematik soziale Wahrnehmung. Das Pflichtmodul ist mit 45 Stunden angesetzt. In den übrigen rechtlich geprägten Modulen wird durch Gruppenarbeiten und das Vortragen von erstellten Präsentationen indirekt Kommunikation eingeübt.

Die erste Praxisphase erfolgt nach einem sechsmonatigen Studienabschnitt. Insgesamt verbringen die Studierenden ungefähr die Hälfte ihres dualen Studiums in einem Praktikum.

Bewertung des Ausbildungsaufbaus

Der Ausschnitt über die Modulgestaltung lässt bereits erahnen, dass der Anteil der rechtlich geprägten Module durchaus als „sehr hoch" bezeichnet werden könnte. Bei kritischer Betrachtung lässt sich ausführen, dass zwar viel Wert daraufgelegt wird, fachtheoretisches bzw. rechtsorientiertes Wissen zu vermitteln. Es wird dabei aber durchaus „ausgeblendet", dass das Verwaltungspersonal seine Arbeitszeit nicht alleine damit verbringt, am Schreibtisch mit Gesetzen zu arbeiten, sondern je nach Behörde mit einem hohen Aufkommen an Kunden zu tun hat.

Es fehlen bereits in der Präsenzphase an der Hochschule Praxisübungen und weitergehende Studien darüber, wie mit Kunden umzugehen ist. Aber auch die Behörden müssen ihren Ansatz zur Verteilung und Praxisausbildung der Studierenden verändern. Leisten Studierende ihren Praxisteil in einem Amt ab, in dem wenig Kundenkontakt herrscht, sollte sichergestellt werden, dass sie bei der nächsten Praxisphase in einem anderen Amt die Chance bekommen, sich im realen Kontakt mit Kunden zu üben. So ließe sich gewährleisten, dass die Studierenden nach Abschluss ihres Studiums flexibel eingesetzt werden können.

Stärken und Schwächen der Ausbildung in Bezug auf das spätere Berufsleben

Stärken

1) Breitgefächerte Themengebiete

   Während des Studiums an der Hochschule erlangen die Studierenden einen durchaus als umfassend zu bezeichnenden Einblick in die Mehrzahl der für die öffentliche Verwaltung relevanten Themengebiete. Die für die spätere Dienstausübung relevanten Aufgaben werden erläutert und es wird ein Überblick geschaffen.

2) Zeitfenster

   In „nur" sechs Semestern werden die Studierenden zu „Fachkräften" für die öffentliche Verwaltung ausgebildet und erlangen mit dem Abschluss des Bachelor of Arts auch die grundsätzliche Befugnis, künftig Führungsaufgaben zu übernehmen.

3) Duales System

   Da das Studium dual angeboten wird, haben die Studierenden die Möglichkeit, das erlernte Wissen sofort in der Praxis anzuwenden. Durch diese Verzahnung lernen die Studierenden ihr Arbeitsumfeld sowohl theoretisch als auch praktisch kennen und sind nach dem beendeten Studium mit einer (relativ) kurzen Einarbeitungszeit einsatzbereit.

Schwächen

1) Zeitfenster

   Das Studium dauert „nur" drei Jahre, die sich wiederum in berufspraktische und fachtheoretische Studienabschnitte gliedern. Dadurch ist die fachtheoretische Studienzeit auf 22 Monate beschränkt, in denen alle als relevant identifizierten Themengebiete abgehandelt werden müssen.

   Folglich lassen sich verschiedene Themengebiete nur oberflächlich bzw. allgemein behandeln.

2) Gemischte Studiengruppen

Die Studiengruppen setzen sich aus Studierenden unterschiedlicher Behördenbereiche zusammen (z.B. Regierungspräsidium, Schulamt, Stadtverwaltung), wodurch es nicht möglich ist, alle Studierenden auf das spätere, für sie individuelle bzw. spezifische Aufgabengebiet vorzubereiten. Dazu sind die Aufgabenschwerpunkte der verschiedenen Behördenbereiche zu unterschiedlich. Ebenso gestalten sich die Praktikumsphasen für die Studierenden der verschiedenen Behörden unterschiedlich. So hat vermehrten Kundenkontakt mit Bürgern, wer sein Praktikum in einem Bürgerbüro absolviert. Studierende mit Praktikum in der Verwaltung eines Schulamtes haben dagegen kaum Kontakt mit Bürgern, sondern einzelfallbezogen nur mit Lehrkräften sowie Kolleginnen und Kollegen.

3) Kurze Praktikumsphasen

Die berufspraktischen Phasen dauern im Regelfall drei bis sechs Monate (wobei sich das Sechs-Monats-Praktikum in den meisten Fällen nochmal auf zwei Bereiche aufgliedert). Folglich erhalten Studierende nur einen oberflächlichen Einblick in alle Aufgabenbereiche der durchlaufenen Abteilungen. Auch die zur Lernvertiefung notwendige selbstständige Mitarbeit der Studierenden ist oft nur beschränkt möglich.

Analyse und Auswertung der Stärken und Schwächen

Die Ausbildung für den gehobenen Dienst der allgemeinen Verwaltung bietet die Möglichkeit, sich in „nur" sechs Semestern zu einer, eigens für die öffentliche Verwaltung ausgebildeten Fachkraft zu qualifizieren. Die Hochschule kombiniert fachtheoretische Studien mit berufspraktischen Phasen, die den Studierenden einen Einblick in die Aufgabengebiete ihrer Ausbildungsbehörden geben.

Allerdings ist das vorgegebene Zeitfenster zu knapp, um alle Studieninhalte vertieft zu behandeln, so dass manche Module nur oberflächlich behandelt werden. Hierzu zählen auch die Aspekte der Kommunikation. Bereits in der fachtheoretischen Ausbildung wird ihnen lediglich eine untergeordnete Bedeutung zugemessen, auch wenn die Notwendigkeit zur Behandlung der Thematik in Modulen grundsätzlich erkannt und darauf reagiert wurde.

Die Kommunikationsaspekte beziehen sich in erster Linie darauf, mit schwierigen Gesprächspartnern zu einer gemeinsamen Gesprächsebene zu kommen. Sich in dieser Gesprächsebene dann kundenorientiert zu verhalten, scheint noch immer schwer vermittelbar zu sein, wenn in rechtsorientierten Modulen die Rechte einer Eingriffsverwaltung gelehrt werden und damit die Rechte der öffentlichen Verwaltung und die Pflichten der Bürger dominieren.

Die Erfahrung im wirtschaftswissenschaftlichen Lehrbetrieb zeigt, dass es den Studierenden schwerfällt, Bürger als Kunden zu sehen, wenn ihnen die Befugnis (und oftmals auch die Pflicht) obliegt, genau diesen Bürgern gegenüber die Monopolstellung des Staates herauszustellen (z.B. eine Ordnungswidrigkeit zu verfolgen oder einen belastenden Verwaltungsakt zu erlassen).

Wird dagegen dem gleichen Bürger durch das Bürgerbüro eine Auskunft erteilt, lässt er sich schon eher als Kunde auffassen.

Ausgehend von dem hohen Anteil an Rechtswissen, das den Studierenden nahegebracht wird, scheint sich deren Sichtweise im Laufe des Studiums vor allem hin zur Anwendung dieses Rechts zu fokussieren. Die letztlich sinnvolle Maßgabe, das Recht „ohne Ansehen der Person" auszuüben, entwickelt sich dabei offensichtlich zu einer Betrachtung der Bürger als „Empfänger des Rechts", dem diese „widerspruchslos" zu folgen haben. Solchen „Empfängern" gegenüber das Bild eines Kunden aufrechtzuerhalten, scheint mit zunehmender Studiendauer schwerer zu fallen.

Die praktischen Studienzeiten können hier wohl nicht als Korrektiv wirken, obwohl sie es, ausgehend von einem nahezu hälftigen Anteil an praktischen Elementen des Studiums und damit erheblichen Zeitansatz, sehr wohl können sollten.

Die Praxis der Lehre in den Fächern der Wirtschaftswissenschaft an der Hochschule zeigt aber ein anderes Bild:

- Im ersten Semester verhalten sich die Studierenden in den Fächern Betriebswirtschaft noch wie ein Spiegel der Gesellschaft. Während die einen eher interessiert sind, können die anderen dem Fach nur dann etwas Positives abgewinnen, wenn praktische Fälle des Lebens beschrieben werden.

Hierbei ist es hilfreich, lebensnahe Sachverhalte wie beispielsweise aktuelle Entwicklungen bekannter Unternehmen oder das schlichte Einkaufen für den eigenen täglichen Bedarf im Supermarkt mit der Verwaltungspraxis zu kombinieren.

- In den fortgeschrittenen Semestern bleibt davon nicht mehr so viel übrig. Die wirtschaftlich Interessierten haben zwar noch immer Interesse an Sachverhalten des Wirtschaftslebens. Aber deren Anzahl ist bis dahin stets deutlich gesunken. Ab dann ziehen die Studierenden auch immer mehr in Zweifel, dass die wirtschaftswissenschaftlichen Themen irgendetwas mit der Rechtsausübung zu tun haben, die sie in den Rechtsfächern lernen.

Dieser Sachverhalt erstaunt insoweit, dass es offensichtlich nicht die „Bürokraten" sind, die es in den öffentlichen Dienst zieht. Immerhin wäre anzunehmen, dass die Aufgabenstellung des öffentlichen Dienstes und die Vorbehalte gegenüber dem Personal des öffentlichen Dienstes dazu führen, dass es vor allem Personen mit einem „Hang zur Bürokratie" sind, die sich als Studierende in der Hochschule für die Verwaltung einfinden.

Wenn dies so wäre, würden sich nur in seltenen Fällen an betriebswirtschaftlichen Sachverhalten Interessierte in den Seminaren finden. Dem ist aber nicht so. Das Interesse liegt nach praktischer Erfahrung in den ersten Semestern durchaus bei bis zu 50 Prozent. Außerdem erhalten die hoch Interessierten ihre Einstellung und ihren Wissensdrang zu betriebswirtschaftlichen Themen.

Insoweit muss angenommen werden, dass nicht die Auswahl der Studierenden den entscheidenden Faktor setzt, so dass in der späteren Praxis des Verwaltungshandelns die Vorgehensweise des Personals als „bürokratisch" angesehen wird. Vielmehr scheint es eine Dynamik im täglichen Dienst vor Ort zu geben, auf die die Studierenden nicht ausreichend vorbereitet werden.

Vielleicht entzieht sich aber nur so mancher der Studierenden den Versuchen einer solchen Vorbereitung.

- **Vorbereitung**

    Die Studiengruppen sind aus unterschiedlichen Behördenbereichen durchmischt, so dass die notwendigen Kommunikationsthemen „nur" allgemein angesprochen werden können.

Die Durchmischung sollte aber grundsätzlich dazu führen können, sich auf kollegialer Basis im Klassenverband auszutauschen und dadurch begleitend zu den Vorträgen der Dozenten zusätzlich durch die Erzählungen der Mitstudierenden zu lernen.

Die Verteilung der Studierenden im Praxisteil obliegt den Ausbildungsbehörden. Diese sind begrenzt mit ihren Möglichkeiten, Studierenden den notwendigen Kundenkontakt vor Ort zu geben. Ursache ist wohl die zu diesem Zeitpunkt noch begrenzte fachliche Kompetenz der Studierenden, die ein eigenständiges Arbeiten in der Praxis ermöglicht oder zumindest fördert. Für die Ausbildungsbehörden kommt hinzu, dass sie erfahrenes Personal für die Begleitung der Studierenden zu stellen haben, das dadurch in Teilen von seiner eigentlichen Aufgabenstellung abgehalten wird.

Trotzdem sollte den Ausbildungsbehörden klar sein, dass sie mit ihrem künftigen Personalpotenzial arbeiten. Da gehört es letztlich dazu, erfahrenes Personal für deren Förderung bereitzustellen und die notwendige Zeit in die Studierenden zu investieren.

- **Sich der Vorbereitung entziehen**

Aber selbst wenn die Ausbildungsbehörden alles unternehmen, um ihre Studierenden im Praktikum passend einzusetzen, kommt es doch auf die persönlichen Neigungen und die jeweilige Sozialisierung des Einzelnen an. Um hier lenkend einzugreifen, müssen die „Begleitkräfte" auf Aktivitäten der Studierenden reagieren und dabei u.a. über Lob oder Tadel Anreize zur Verhaltensänderung setzen.

Es kann allerdings vorkommen, dass sich die Behörde selbst der Kommunikationsfortbildung der Studierenden entzieht, weil ihre Organisationskultur der positiven Kommunikation wenig Bedeutung beimisst und so eher den Stereotypen gegenüber dem öffentlichen Dienst folgt. In einem solchen Fall ist es schwierig für lernbereite Studierende, ein förderliches Kommunikationsverhalten einzuüben.

Beispiel: Die Studierenden einer Stadtverwaltung haben einen erhöhten Kundenkontakt zu Bürgern ihrer Stadt im Gegensatz zu Studierenden eines Schulamtes, die nahezu keinen Kontakt zu Kunden haben.

Daher wäre es für die Studierenden der Stadtverwaltung sinnvoll, Module besuchen zu können, in denen der gezielte Kundenkontakt geschult wird, um auch in der praktischen Umsetzung die Bürger als Kunden zu erkennen und als solche zu behandeln.

Für die Studierenden eines Schulamtes wäre diese Beschulung für ihre konkrete Aufgabenstellung wegen ihres sehr beschränkten Umgangs mit Bürgern nur im geringen Ausmaß relevant.

Die Kundengruppen der Behörden sind unterschiedlich und oftmals nicht vergleichbar. So hat beispielsweise ein Sozialamt einen anderen Kundenkreis als ein Bauamt. Die kurzen Praktikumsphasen können hier nur einen kurzen Einblick in die Aufgabengebiete und die Kundenstruktur der ausgewählten Praktikumsstelle bieten. Eine Verlängerung der Praktikumsphasen würde aber wiederum zu einer Verkürzung fachtheoretischer Phasen an der Hochschule führen. Insoweit steht hierfür keine ideale Lösung oder Ergänzung zur Verfügung.

Fazit

Zusammenfassend lässt sich feststellen, dass die Studierenden während der Ausbildung zu Inspektoranwärterinnen und -anwärtern ein umfassendes Wissen, sowohl in fachtheoretischer als auch in praxisorientierter Hinsicht, erlangen. In den fachtheoretischen Studienphasen an der Hochschule werden viele Themengebiete umfassend behandelt, wodurch die Studierenden ein breitgefächertes Themengebiet erlernen. Praktische Studienzeiten ergänzen dies durch die Aufnahme von Erfahrungswissen.

Auch wenn nicht erkennbar ist, dass sich die Studierenden während des Studiums zu „Bürokraten" entwickeln, fällt doch die schwerpunktmäßige Ausbildung in Rechtsfächern und die geringe Ausbildung in Kommunikation auf.

Möglicherweise sind die Dozenten der Hochschule auch der Meinung, dass eine solche Ausbildung im Wesentlichen zur Aufgabe der Ausbildungsbehörden im Praktikum gehört.

Ein Korrektiv für eine negative Entwicklung ergibt sich offensichtlich nur durch die für die Ausbildung zuständigen Behörden, sowie die jeweils vorherrschende Organisationskultur. Immerhin kann während des Studiums an der Hochschule nicht auf die individuellen Bedürfnisse jedes Studierenden eingegangen werden.

Die Ausbildungsbehörden werden versuchen müssen, ihren Behördenschwerpunkt mit den Rahmenbedingungen vor Ort in Einklang zu bringen. Das gelingt naturgemäß manchmal besser und manchmal eben weniger gut.

Wenn also schon das Studium keine ausreichende Möglichkeit bietet, dass Hochschule und Ausbildungsbehörde gemeinsam ein langjährig tragfähiges Grundverständnis für Bürokratie und den Umgang mit Bürgern bei den künftigen Verwaltungsbeamtinnen und -beamten „einpflanzen", sollte es zumindest für das bestehende Verwaltungspersonal in zeitlichen Abständen die Möglichkeit einer (evtl. freiwilligen) Schulung bzw. Weiterbildung im Bereich Kunden- und Bürgerorientierung geben, um auch diese für den ständigen Kundenkontakt zu qualifizieren und auf die Zukunft vorzubereiten.

Vielleicht wäre es aber auch sinnvoll, für die Zukunft noch einmal das gesamte Konzept der Ausbildung zu überdenken. Es ist wichtig, dass bereits in der Ausbildung die Notwendigkeit von Bürger- bzw. Kundenzufriedenheit betont und durch passende Seminare begleitet wird. Die derzeitigen Angebote reichen dazu nicht aus.

Selbstverständlich gehört die Rechtssicherheit zu den elementaren Fähigkeiten des Verwaltungspersonals. Aber es wird Zeit zu erkennen, dass die Kommunikationsfähigkeit des Verwaltungspersonals ebenso elementar ist. Sich vom aktuellen Stand der geringen Angebote an der Hochschule zu lösen wird schwierig sein, denn gerade die Ausbildungsbehörden erwarten zu Recht von den Studierenden eine ausreichende Fähigkeit im Umgang mit Rechtsthemen. Dies muss die Hochschule gewährleisten.

Deshalb wäre es sinnvoll, sich zusammenzusetzen und Lösungswege zu erörtern. Könnte man sie finden, würde es sicher trotzdem noch einige Jahre dauern, um die beschlossenen Änderungen vorzunehmen. Ob sie sich auch bewähren werden, lässt sich nicht sicher prognostizieren. Aber es ließe sich so zumindest ein Schritt in die richtige Richtung beschreiten.

Bürgernahe Verwaltungssprache

(angelehnt am Ergebnis von Gruppe 2)

Wesentliches Element der Kommunikation zwischen Menschen ist die Sprache. Die Möglichkeit, sich dabei falsch zu verstehen, ist recht hoch. Insbesondere die beruflich bezogene Fachsprache kann zu Kommunikationsschwierigkeiten führen. Üblicherweise benutzen öffentliche Verwaltungen eine spezielle Verwaltungssprache, die umgangssprachlich als Amtsdeutsch bzw. Beamtendeutsch bezeichnet wird.

Die Sprache wird an die Verwaltungsbeamtinnen und -beamten bereits während ihres Studiums herangetragen. Im Praktikum lernen sie deren praktischen Einsatz kennen. Dabei vertiefen sie sich zwangsläufig immer mehr in die Spezifika der Verwaltungssprache. Das geht dann oftmals so weit, dass ihnen der Unterschied zur Umgangssprache irgendwann nicht mehr deutlich wird. Nach einer bestimmten Zeit halten sie die Verwaltungssprache für eine natürliche und selbstverständlich zu verstehende Sprache, so dass es für das Verwaltungspersonal normal erscheint, diese Sprache in der Kommunikation mit Bürgern zu verwenden.

Für Bürger ist die Sprache dagegen nicht einfach zu verstehen. Ihnen fehlt die Übung im Umgang mit ihr. So scheint es geradezu selbstverständlich zu sein, dass sich viele Bürger über die Verwaltungssprache und der für sie unverständlichen Ausdrucksweise beklagen. Nicht selten ist es gerade der Einsatz dieses Amtsdeutschs, der in der Korrespondenz zwischen Bürgern und der öffentlichen Verwaltung zu Verständnis- und Kooperationsproblemen führt.

Wolf Wondratschek hat dies persifliert und mit dem Titel „Was ist ein Wertsack?" die Eigenheiten des Amtsdeutschs überspitzt aufgezeigt:

„Was ist ein Wertsack?" von Wondratschek:

„Der Wertsack ist ein Beutel, der auf Grund seiner besonderen Verwendung im Postbeförderungsdienst nicht Wertbeutel sondern Wertsack genannt wird, weil sein Inhalt aus mehreren Wertbeuteln besteht, die in den Wertsack nicht verbeutelt, sondern versackt werden.

> *Das ändert aber nichts an der Tatsache, dass die zur Bezeichnung des Wertsackes verwendete Wertbeutel-fahne auch bei einem Wertsack Wertbeutelfahne heißt und nicht Wertsackfahne, Wertbeutelfahne oder Wert-beutelsackfahne.*
>
> *Sollte es sich bei der Inhaltsfeststellung eines Wertsa-ckes herausstellen, dass ein in einem Wertsack versack-ter Versackbeutel statt im Wertsack in einem der im Wertsack versackten Wertbeutel versackt werden muss, so ist die in Frage kommende Versackstelle unverzüg-lich zu benachrichtigen.*
>
> *Nach seiner Entleerung wird der Wertsack wieder zu einem Wertbeutel und er ist auch bei der Wertbeutelzäh-lung nicht als Wertsack, sondern als Wertbeutel zu zäh-len."*

Verwunderlich muss es für Bürger sein, wenn ihnen in der von der Behörde übermittelten „amtlichen" Post eine Vielzahl Begriffe „entgegenspringen", die sich für sie als Fremd- und Fachwörter darstellen und die sie sich z.T. selbst nach Bemühen eines Lexikons nicht erschließen können:

- Ist es ohne Rechtsausbildung selbstverständlich zu wissen, um was es sich bei einer Rechtsbehelfsbelehrung handelt? Dass es hier um Rech-te gehen wird, können sich die Bürger sicherlich noch erschließen. Aber was ist ein Behelf und warum wird hier eigentlich wer belehrt? Ohne Rechtsausbildung dürfte es schwer fallen zu bemerken, dass dieses Wort ausdrücken soll, dass die Bürger auf ihre Rechte hinge-wiesen werden und es sich folglich um eine für sie positive Maßnah-me handelt.

- Könnte man anstatt von einem Eignungsfeststellungsverfahren nicht auch ganz einfach von einem Eignungstest sprechen?

Die Bediensteten der öffentlichen Verwaltung lernen in ihrer Ausbildung und in der praktischen Berufsausübung, dass ihre Behörde die Begriffe aus Rechts-texten entnimmt. Ziel ist es, die Schriftstücke juristisch eindeutig zu formulie-ren, so dass möglichst wenig „Angriffsfläche" für die juristische Überprüfung durch eine Prüfinstanz besteht.

Insoweit ist es formaljuristisch nicht gerade sinnvoll, die Formulierung „Sie können Widerspruch einlegen" in „Sie können widersprechen" zu verändern. Der Begriff „Widerspruch" ist rechtlich festgelegt und gerichtlich geprüft. Davon abzuweichen würde für das Verwaltungspersonal ein Risiko bedeuten, weil es dann keine „eindeutige" Aussage mehr treffen würde.

Verwaltungssprache

Bei der Verwaltungssprache (auch als Behörden- oder Amtssprache bezeichnet) handelt es sich um einen rechtlich-institutionellen Sprachgebrauch, der sich als Fachsprache weitgehend aus der juristischen Sprache bedient. Dabei werden eine Vielzahl spezifische Fachelemente aus Rechtstexten genutzt, die sich aus den verschiedenen Zuständigkeitsbereichen von Behörden ergeben, z.B. Sozial-, Jugend-, Bauordnungs- und Umweltschutzbereich.

Behörden haben hier eine Vielzahl unterschiedlicher Aufgaben zu bewältigen, die für Bürger (Privat- und Geschäftspersonen) eine rechtliche Bildung entfalten. Dazu zählen u.a. der Erlass von Vorschriften und Verordnungen, sowie das Genehmigen oder Ablehnen von Anträgen.

Erscheinungsformen

Im Folgenden wird dargestellt, warum die Verwaltungssprache nicht mit der alltäglichen Sprache der Bürger übereinstimmt und warum dieses „Behördendeutsch" so schwer verständlich sein kann.

- **Nominalstil**

  Behördentexte sind im Regelfall mit einer Vielzahl Substantiven versehen (Wörter mit „-ung", „-keit" und „-heit"). Dadurch wirken sie und der Text steif und wenig lebendig.

  Beispiel : „Um Rücksendung des Formulars wird gebeten".

  Änderungspotenzial: Verben lassen den Text lebendiger erscheinen, sind verständlicher und animieren den Bürger möglicherweise zum Handeln: „Bitte senden Sie mir den ausgefüllten Antrag zurück."

- **Passivkonstruktionen**

  Passivkonstruktionen wirken unpersönlich. Oft ist nicht klar, wer gehandelt hat oder wer handeln soll. Auf diese Weise wird der/die Verantwortliche nicht ersichtlich.

  Beispiel: „Ihr eingereichter Antrag wird abgelehnt". Der Leser fragt sich „von wem?". Der Text verschweigt die handelnde Person oder Institution.

  Änderungspotenzial: Sinnvoller wäre es, Passivkonstruktionen zu reduzieren und eher durch aktive Formulierungen zu ersetzen: „Das Jugendamt XY hat dem Antrag nicht zugestimmt."

- **Satzbau**

  In Behördentexten werden vielfach lange Sätze verwendet. Lange Sätze erschweren es den Lesern, den Text in seiner Gesamtheit zu erfassen und dabei dauerhaft die Konzentration auf den Text gerichtet zu lassen.

  Beispiel: „Um Unannehmlichkeiten und Kosten zu vermeiden, bitten wir Sie, uns eine kurze schriftliche Begründung Ihrer Bedenken der Rechtmäßigkeit der geltend gemachten Forderungen innerhalb der nächsten 7 Tage zuzusenden". Je länger oder verschachtelter die Sätze zusammengestellt sind, desto eher muss damit gerechnet werden, dass die Bürger beim Lesen unkonzentrierter werden.

  Änderungspotenzial: Es ist sinnvoller, die Sätze so kurz wie möglich zu halten oder sie aufzuteilen: „Senden Sie uns bitte eine kurze Begründung. Fügen Sie dazu möglichst geeignete Nachweise bei. So sollte es gelingen, Unannehmlichkeiten und Kosten zu vermeiden".

- **Fremdwörter**

  Zu jeder Fachsprache gehört es, Fremdwörter zu verwenden. Auch in der Verwaltungssprache finden sich neben Fachausdrücken zahlreiche Fremdwörter, die von Bürgern ohne Rechtsausbildung nicht verstanden werden können.

Beispiel: „Nach nochmaliger Überprüfung der Sach- und Rechtslage aufgrund Ihres Widerspruchs hebe ich den angefochtenen Bescheid hiermit auf".

Änderungspotenzial: Sinnvoll erscheint es, Fachwörter durch verständliche Begriffe zu ersetzen oder zu erläutern: „Das Sozialamt gibt Ihrem Widerspruch statt."

- **Aktiv statt Passiv**

  Passive Formulierungen wirken unpersönlich. Es bleibt oft unklar, wer gehandelt hat oder handeln soll. Deshalb erscheint es sinnvoller aktiv zu formulieren. Dies wirkt lebendiger.

  Beispiel: „Die Unterlagen werden Ihnen nach Eingang der Zahlung auf dem angegebenen Konto zugesandt".

  Änderungspotenzial: Sinnvoller erscheint es, grundsätzlich den „Wir-Stil" zu verwenden: „Bitte überweisen Sie die Gebühren auf das Konto der Staatsoberkasse. Ihre Unterlagen senden wir Ihnen nach Eingang der Zahlung zu."

Lösungsansätze

Die Beispiele zeigen, wie komplex und schwierig die Verwaltungssprache bereits bei der Darstellung einfacher Sachverhalte sein kann. Missverständnisse und Missmut bei den Bürgern sind dadurch geradezu selbstverständlich zu erwarten. Um die Missverständnisse zu verringern, bedarf es einer Vereinfachung von Sprachelementen der Verwaltungssprache, auch wenn die Verwendung von Rechtsbegriffen nicht unterbleiben kann.

Verwaltungsschreiben könnten sich in weiten Teilen an der Alltagssprache orientieren und sich eher der mündlichen Rede oder durchaus auch einem Gespräch nähern. Es wäre dabei sinnvoll, die Sätze überschaubar, kurz und für den Laien verständlich zu halten.

Hier ist vor allem das Verwaltungspersonal gefordert. Es könnte sich in das Verständnis und den Wissensstand der Bürger versetzen und ihr sprachliches Handeln danach ausrichten. Immerhin wird jedes Mitglied der öffentlichen Verwaltung zumindest in der Freizeit, im Verein oder im Urlaub mit Menschen kommunizieren, die keine Mitglieder einer Verwaltung sind und folglich die Verwaltungssprache nicht beherrschen. Wer dabei aufmerksam zuhört, wird feststellen können, dass Begriffe, Formulierungen und Sichtweisen, die Ämter für selbstverständlich halten, nicht allgemein bekannt sind.

So ließen sich Verwaltungstexte in einem höflichen und freundlichen Ton halten und die Adressaten persönlich ansprechen. Im Ergebnis könnte dadurch den Bürgern ein Zeichen für eine vertrauensvolle Kommunikation „gesendet" werden. Wie einfach dies sein kann, wurde oben dargestellt. Bürger ließen sich persönlich ansprechen und passive Formulierungen vermeiden. Behördliche Schreiben würden stets in der „Wir-Form" formuliert.

Höfliches Verwaltungspersonal achtet auf eine sprachliche Gleichberechtigung innerhalb des Verwaltungsschreibens und unterlässt es, den Eindruck eines Unter- oder Überstellungsverhältnisses zwischen Behörde und Bürger zu erwecken. Außerdem verzichtet es auf eine Verallgemeinerung der Geschlechter. Behördliche Texte oder Schreiben gliedert es äußerlich klar und strukturiert es einfach. Den Betreff stellt es kurz dar, damit er auf den ersten Blick sofort erfasst werden kann.

Mit dem Inhalt kommt es direkt zur Sache und verzichtet auf lange Einleitungen, Voraberklärungen oder allgemeine Ausführungen. Seine Texte enthalten nicht allzu viele Absätze, denn es weiß, dass ein Gedanke je Absatz vorteilhaft ist und das schnellere Verständnis verstärkt. Wenn es Anlagen hinzufügt und aus Gesetzen zitiert, ersetzt es damit keine entsprechenden Textteile, denn es weiß, dass jedes Schreiben aus sich heraus vollständig und verständlich sein muss.

Das umsichtige Verwaltungspersonal beschränkt die Verwendung von Fachbegriffen und Fremdwörtern auf ein zwingend notwendiges Maß, denn es ist sich darüber im Klaren, dass sie oft nicht verstanden werden. Sind die Begriffe nicht zu vermeiden, erläutert das Verwaltungspersonal diese. Es ist umsichtig genug zu wissen, dass es eher problematisch ist, Fachausdrücke zu vereinfachen bzw. in die Alltagssprache zu „übersetzen" und damit sowohl den Sachgehalt als auch die Sinnbezüge zu verletzen.

Es vermeidet Verwirrungen, indem es einheitliche Bezeichnungen für gleiche Sachverhalte im Text verwendet.

Dem verantwortungsvollen Verwaltungspersonal ist bewusst, dass Substantive in behördlichen Schreiben bzw. Texten zwar an sich Sinn tragend sind und zu einem schnelleren Satzverständnis führen, aber (eher typisch für die Verwaltungssprache) schädlich für das Verstehen sein können, wenn zu viele davon im Text verwendet werden. Sie verwenden eher Verben, die der Alltagssprache und der mündlichen Rede näherstehen und deshalb leichter zu verstehen sind.

Lange Sätze oder auch Schachtelsätze vermeiden sie und orientieren sich daran, Sätze möglichst weitgehend auf nicht mehr als zwei Zeilen zu begrenzen. Ist dies nicht zu vermeiden, versuchen sie zumindest besonderen Wert auf die Nachvollziehbarkeit beim „spontanen Lesen" zu legen.

Fazit

Würden die Behörden die oben genannten Hinweise und Vorschläge berücksichtigen, käme es zu geringeren Missverständnissen bei den Bürgern. Verständnis und Akzeptanz könnten den Umgang miteinander prägen. Allerdings wird sich das Verwaltungspersonal dem nicht ohne Hilfe nähern können. Es wird bereits während der Ausbildung auf eine bürgerfreundliche, einfache und klare Formulierung zu achten sein. Die Hochschule wird dies in die Lehre mit aufnehmen müssen, damit es für Studierende bereits zum Alltag gehört, auf eine andere Form der Verwaltungssprache zu achten.

Durch eine verständliche, klare und bürgernahe Sprache könnte die öffentliche Verwaltung ihr Image verbessern und sich außerdem Kosten, Zeit und Ärger ersparen. Immerhin ist zu erwarten, dass sich Personalkosten senken lassen, wenn sich Rückfragen aufgrund von Unklarheiten vermeiden ließen.

Organisatorischer Rahmen

Kundenorientierung aus der Wirtschaft

(angelehnt am Ergebnis von Gruppe 3)

„Kundenorientierung heißt, die Bedürfnisse und Erwartungen der Kunden zu erkennen und sich zu bemühen, diese zu erfüllen." In diesem Sinne wird unter Kundenorientierung die Pflege der Stammkunden durch ein vertrauensvolles Verhältnis verstanden, aber eben auch die Gewinnung neuer Kunden durch zielgerichtete Angebote. In der Praxis gestaltet sich der Ansatz durchaus schwer, denn die Konkurrenz der Anbieter wandelt sich permanent und im ungünstigen Fall nimmt sie sogar stets zu. Umso wichtiger ist es deshalb für Unternehmen, die Bedürfnisse ihrer vorhandenen oder zumindest potenziellen Kunden angemessen zu befriedigen.

Aus Sicht des öffentlichen Dienstes stellt sich hierbei die Frage, ob ein solches Ziel auch auf die öffentliche Verwaltung übertragbar ist, d.h. ob der Begriff „Kundenorientierung" für die öffentliche Verwaltung anwendbar ist. Um hier einen Ansatz zu finden, wird im Folgenden der Begriff „Kundenorientierung" im Vergleich der Wirtschaft zur öffentlichen Verwaltung betrachtet. Dabei ist der Bürger Kunde der Verwaltung.

Begriffe

Kundenorientierung in der Wirtschaft

Unter Kundenorientierung versteht die Wirtschaft eine regelmäßige, systematische Erfassung und Analyse der Wünsche, Bedürfnisse und Erwartungen der Kunden sowie deren Umsetzung in Produkte oder Dienstleistungen durch Unternehmen. Demnach werden die Unternehmensfaktoren – von der Beschaffung bis zum Vertrieb – nach den Bedürfnissen der Kunden ausgerichtet, um ihnen ein reizvolles und letztlich „optimales" Ergebnis bieten zu können. Ziel dieses Ansatzes ist es, das Vertrauen der Kunden zu gewinnen und sie dauerhaft als Stammkunden zu behalten.

Pflege der Stammkunden durch Kulanz

In der Wirtschaft ist es schwierig, Kunden dauerhaft an sich zu binden. Stammkunden erwarten eine besondere „Zuneigung" für das Vertrauen, das sie in das Unternehmen „investieren".

Eine Möglichkeit hierzu besteht beispielsweise darin, Stammkunden gegenüber mit der sogenannten „Kulanz" eine Hilfestellung in besonderen Situationen zu geben. Kulanz stellt ein Entgegenkommen im Geschäftsverkehr dar, auf das der Begünstigte keinen rechtlichen Anspruch hat. In der Wirtschaft zeigt sich Kulanz häufig in Form bestimmter Serviceleistungen eines Unternehmens. Dazu gehören beispielsweise der Umtausch oder der Ersatz von Waren, wenn Kunden darauf keinen Rechtsanspruch haben. Solche Leistungen werden den Kunden vom Unternehmen freiwillig angeboten. Es handelt sich dabei um gezielte Marketingmaßnahmen, durch die den besonderen Kunden gegenüber ein Gefühl der Sicherheit vermittelt und Vertrauen zwischen diesen Kunden und dem Unternehmen aufgebaut werden soll.

„Pflege" der Bürger durch Ermessen

Da die Verwaltung als vollziehende Gewalt aufgrund von Artikel 20 Absatz 3 Grundgesetz (GG) an Recht und Gesetz gebunden ist, ist Kulanz in dieser Form kaum denkbar, da die Behörde weder zu viel noch zu wenig an Maßnahmen treffen darf, wenn solche explizit vorgegeben sind. Allerdings scheint sich der Gesetzgeber bzw. der Vorschriftengeber sehr wohl Gedanken um die Pflege der Kunden der öffentlichen Verwaltung gemacht zu haben. So gibt er dem Verwaltungspersonal in bestimmten Sachverhalten die Möglichkeit, ein Ermessen auszuüben. Wenn auch dieses Ermessen von seiner Idee her nicht den gleichen Ansatz verfolgt wie die Kulanz der Wirtschaft, muss dennoch festgestellt werden, dass hier Raum für eine eigene Entscheidung des Verwaltungspersonals gegeben wird. Somit hat es die Möglichkeit, dem Bürger durch den ihr aufgrund von Vorschriften eingeräumten Entscheidungsspielraum entgegenzukommen.

Gewinnung neuer Kunden

Im Mittelpunkt der wirtschaftlichen Betrachtung stehen die Bedürfnisse und Anforderungen der Kunden und die Umsetzung der auf sie ausgerichteten Angebote. Um das jeweilige Angebot zielgenau aufzusetzen, ist eine präzise Marktanalyse und eine auf die Zielgruppen orientierte Vermarktung des Angebots erforderlich. Werbemaßnahmen, wie beispielsweise Werbeplakate oder Werbung im Fernsehen und Radio, sorgen für die Verbreitung der Information, dass das Angebot vorhanden ist und welche Vorteile es bietet. So sollen möglichst viele potenzielle Kunden auf das Angebot aufmerksam gemacht und als Kunden gewonnen werden.

Je erfolgreicher ein Unternehmen bei dieser Kundengewinnung agiert, desto mehr ist es in der Lage, seinen Umsatz zu steigern. Wenn es klug wirtschaftet, kann es seinen Gewinn steigern.

Übertragen auf die öffentliche Verwaltung stellt sich die Frage, ob Kundengewinnung auch für sie ein Thema ist. Immerhin sind gerade die Stammkunden der Kommunen durch ihren Wohnort bereits gebunden. Sie können gar nicht mehr wählen, in welcher Kommune sie ihre Leistung erhalten, es sei denn, sie wechseln ihren Wohnort.

Öffnungszeiten bzw. Geschäftszeiten

Um Kundenzufriedenheit herstellen zu können, ist die Erreichbarkeit für den Kunden von großer Bedeutung. In der Wirtschaft wird regelmäßig unter Erreichbarkeit die Öffnungszeit verstanden, die beispielsweise in Hessen in den Vorschriften des § 3 Hessisches Ladenöffnungsgesetz (HLöG) festgelegt ist.

In der Verwaltung spiegelt sich die Erreichbarkeit in den Geschäftszeiten der jeweiligen Behörde wider. Hierbei handelt es sich um die Zeiten, zu denen Bürger in der Verwaltung Ansprechpartner erreichen können. Dies kann sowohl eine telefonische Auskunft als auch ein Besuch direkt in der Verwaltung sein.

Vergleich

Im Folgenden wird anhand von drei ausgewählten Faktoren der Kundenorientierung aus der Wirtschaft betrachtet, inwieweit sie auf die öffentliche Verwaltung anwendbar sind. Dazu wurden stellvertretend für die öffentliche Verwaltung das zentrale Bürgeramt der Stadt Frankfurt am Main und stellvertretend für die Wirtschaft das Unternehmen „Hennes & Mauritz (H&M)" (hier der Bereich Verkauf in der Filiale Frankfurt – Zeil) ausgewählt:

- Frankfurt ist mit seinen ca. 700.000 Bürgern Hessens größte Stadt. Das Bürgeramt Frankfurts hat ein hohes Aufkommen an Anforderungen zur Informationsvermittlung zu verzeichnen.

- H&M ist ein weltweit bekanntes und gefragtes Modeunternehmen.

Da sowohl das Bürgeramt als auch H&M in ihren jeweiligen Bereichen große Dienstleister sind, bieten sie eine informationsreiche Grundlage für den nachfolgenden Vergleich.

Pflege der Stammkunden durch Kulanz bzw. Ermessen

Die Stammkundenpflege wird für den Vergleich gewählt, da sich überprüfen lässt, inwieweit die öffentliche Verwaltung ebenfalls von ihren Bürgern abhängig ist und sich folglich um ein analog vertrauensvolles Verhältnis bemühen muss, um die Bürger langfristig zu binden, wie dies bei H&M erfolgreich praktiziert wird. Wenn dies der Fall ist, wäre der erste Faktor der Kundenorientierung auf die öffentliche Verwaltung übertragbar.

H&M bietet seinen Kunden unterschiedliche Formen der Kulanz an. Dazu gehört das 28-tägige Rückgaberecht, bei dem der Kunde die ungetragene Ware gegen Vorlage des Kassenbelegs zurückgeben kann und hierfür den entsprechenden Geldbetrag erhält. Alternativ kann der Kunde die Ware gegen eine andere Ware oder einen Gutschein umtauschen. Ein besonderes Entgegenkommen des Unternehmens ist das Umtauschen der Ware, selbst wenn der Kassenbeleg nicht mehr vorhanden ist. Außerdem bietet H&M neben der Bar- und EC-Kartenzahlung auch die Möglichkeit der Kreditkartenzahlung als freiwilligen Service für die Kunden an. Da gesetzlich geregelt ist, dass die Unternehmen eine Gebühr von 0,3 % des Umsatzes einer Zahlung an die Kreditinstitute entrichten müssen, ist Kreditkartenzahlung nicht in jedem Unternehmen möglich.

Betrachtet man im Vergleich das Bürgeramt, so lässt sich anmerken, dass hier kein freiwilliger Service für die Bürger angeboten wird. Vielmehr muss festgestellt werden, dass das Bürgeramt erst gar nicht in die Situation kommt, „Stammkunden" zu werben, da viele der dort anfallenden Aufgaben unter die Rubrik „einmalige Vorgänge" fallen. Einmalige Vorgänge sind das Um- und Abmelden, das Beantragen eines Reisepasses sowie das Verlängern des Personalausweises. Diese Vorgänge müssen erst nach mehreren Jahren oder nach Bedarf wiederholt werden, so dass es nicht notwendig ist, dass der Bürger ständig das Bürgeramt aufsucht. Auch bezüglich der Zahlungsarten bietet das Bürgeramt den Bürgern lediglich die EC-Karten- sowie die Barzahlung an.

Bei H&M lässt sich erkennen, dass durch Kulanzmaßnahmen ein vertrauensvolles Verhältnis zum Kunden aufgebaut wird. Der Kunde kann sicher sein, dass auf sein Anliegen eingegangen und ihm weitergeholfen wird.

Das sollte es dem Unternehmen ermöglichen, seine Zielgruppen als Kunden langfristig zu binden.

Im Bürgeramt werden solcher Art Maßnahmen nicht vorgenommen, was aber möglicherweise auch gar nicht erforderlich ist. Es stellt sich die Frage, inwieweit ein dem Bürgeramt eingeräumtes Ermessen als Maßnahme dazu vergleichbar sein kann. Ausgehend von der gesetzlichen Grundlage verfügt das Bürgeramt über einen Ermessensspielraum in verschiedenen Aufgabenfeldern. Dies bedeutet in der Praxis, dass bei Preisen für bestimmte Leistungen, die durch das jeweilige Gesetz nicht festgelegt sind, die Bürgerämter zumindest theoretisch für diesen Bereich über ein Ermessen verfügen und dieses ausüben könnten.

Nach hiesigem Kenntnisstand wird dieses Ermessen jedoch durch Amtsleiterverfügungen weitgehend auf Null reduziert, die Preise für die Leistungen des Bürgeramts legt der Amtsleiter fest. Die Verfügungen haben den Sinn, dass gleiche Sachverhalte vom Verwaltungspersonal gleich behandelt werden und dementsprechend Bürger für die gleichen Sachverhalte die gleichen Leistungen zum gleichen Preis erhalten.

In wenigen Bereichen des Bürgeramts kann Ermessen ausgeübt werden. Dies ist zum Beispiel beim Verwarnungsgeld für geringfügige Ordnungswidrigkeiten der Fall. Unter geringfügigen Ordnungswidrigkeiten im Bürgeramt versteht man beispielsweise das Versäumen der allgemeinen Meldepflicht. Bürger sind nach § 13 Absatz 1 des Hessischen Meldegesetzes (HMG) verpflichtet, sich innerhalb einer Woche bei der Meldebehörde ihres neuen Wohnsitzes anzumelden. Gehen sie dieser Pflicht nicht nach, steht es dem Bürgeramt gemäß § 38 HMG frei, je nach Länge der Fristversäumnis eine „Strafgebühr" von 10 € bis zu 500 € zu verhängen.

Insoweit lässt sich erkennen, dass das Bürgeramt in seiner Entscheidungsfreiheit durch gesetzliche Bestimmungen und interne Verfügungen eingeschränkt ist. Mit der Wirtschaft vergleichbar wäre diese Begrenzung der Entscheidungsfreiheit für Fälle, bei denen die Geschäftsführung von H&M analoge Unternehmensrichtlinien erlassen hat, die den Mitarbeitenden von H&M Grenzen in der Gewährung von Kulanz auferlegen.

Gewinnung neuer Kunden

Um sein wirtschaftliches Ziel umzusetzen, unternimmt H&M in hohem Maße Anstrengungen, Werbung für das eigene Unternehmen zu betreiben und so das Interesse der potenziellen Kunden zu wecken. Hierzu werden u.a. Werbeplakate der aktuellen Mode aufgehängt, Werbung im Fernsehen und Radio geschaltet sowie Werbung im Internet über die eigene Website und die eigene Smartphone-App betrieben.

Auch an die Jahreszeiten oder aktuelle Marktgegebenheiten angepasste Aktionen werden durchgeführt, um neue Kunden zu gewinnen. Ein Beispiel hierfür ist eine Gutscheinaktion im Jahre 2015, bei der bereits getragene Ware zurückgegeben werden konnte. Dafür erhielten die Kunden einen Rabattgutschein. Die bereits getragene Ware wurde nach Angaben von H&M ökonomisch verwertet, um die Umwelt zu schonen. Aber auch „normale" Rabattaktionen wie beispielsweise „Zwei Jeans zum Preis von Einer" gehören bei H&M als Marketingmaßnahme zum festen Programm und sollen das Interesse der Kunden wecken. Ziel ist es, immer wieder mit verschiedenen Maßnahmen möglichst viele Kundengruppen anzusprechen.

Die öffentliche Verwaltung unternimmt dagegen keine Werbemaßnahmen. Es sind weder Werbeplakate vorhanden noch bietet das Bürgeramt Aktionen an, um die angebotenen Leistungen für die Bürger attraktiver zu gestalten. Die Verwaltung beschränkt sich auf die Nutzung eines Corporate Designs. Im Bürgeramt spiegelt sich das Corporate Design als Logo auf dem Briefkopf wider. Im weitesten Sinne stellt das Corporate Design eine Gemeinsamkeit mit H&M dar, das ebenfalls ein einprägsames und bekanntes Logo für jede seiner Werbemaßnahmen verwendet.

Eine weitere Maßnahme, um neue Kunden zu gewinnen, ist ein kundenfreundliches Verhalten. Bei H&M erfolgt dies durch direktes Ansprechen der Kunden und das Anbieten von Hilfe bei der Entscheidung. Ziel ist es, durch die Ansprache mehr Produkte zu verkaufen. Hierbei herrscht ein gleichgestelltes Verhältnis zwischen dem Kunden und dem Unternehmen, das durch die Verkäufer repräsentiert wird. Während H&M vom Verkauf profitieren möchte, geht es den Kunden um das Verwirklichen ihrer Bedürfnisbefriedigung, so dass beide „Parteien" ein gemeinsames Interesse an der Verkaufssituation haben.

Auch das Bürgeramt verhält sich seinen Bürgern gegenüber freundlich und zuvorkommend. Dies äußert sich allerdings anders als bei H&M. Das Bürgeramt hat das Ziel, die übertragenen Aufgaben zu erfüllen, weshalb sich hier das freundliche Auftreten erst nach selbstständiger Kontaktaufnahme des Bürgers zeigt.

Diese Freundlichkeit scheint aber nicht durchgängig in den Behörden vorhanden zu sein. Beim Unterricht der Hochschule wird über Beiträge von Studierenden immer wieder deutlich, dass nach Ansicht vieler Verwaltungsbediensteter zwischen Bürgern und der öffentlichen Verwaltung ein Überordnungsverhältnis der öffentlichen Verwaltung gegenüber den Bürgern angenommen wird. In diesen Fällen wird wohl davon ausgegangen, dass die Bürger von der Verwaltung abhängig seien, weil diese ihre Anliegen „von Rechtswegen" erfüllt.

Die angenommene Abhängigkeit ergibt sich wohl aus der Wahl des Dienstleisters öffentliche Verwaltung. Während der Kunde die Wahl zwischen mehreren Unternehmen und Unternehmensstandorten hat, ist der Bürger i.d.R. an eine bestimmte Behörde gebunden. Dies ergibt sich daraus, dass jeder Verwaltung durch Gesetze eine sachliche und örtliche Zuständigkeit zugeordnet ist. Insoweit ist der Bürger an die Kommune seines dauerhaften Wohnsitzes „gebunden".

Was den so ausgerichteten Verwaltungen allerdings zu entgehen scheint, ist das Recht der Bürger, die beantragte Dienstleistung auch tatsächlich erhalten zu können. Die öffentliche Verwaltung kann diese Rechte nicht verweigern, wenn die notwendigen Voraussetzungen zum Erhalt der Leistungen gegeben sind. Insoweit wäre es sinnvoller, wenn diese öffentlichen Verwaltungen von einem Verhältnis zum Bürger „auf Augenhöhe" ausgehen würden.

Solange sich Bedienstete von öffentlichen Verwaltungen dem verschließen, werden sie auch keinen Grund finden, für ihre Leistungen Werbung zu betreiben. Dass man Bürger für die Erfüllung der übertragenen Aufgaben begeistern und dafür werben kann, muss wohl auch erst im Studium gelehrt werden.

Erreichbarkeit für Bürger und Kunde

Die Erreichbarkeit als Vergleichsfaktor soll hier die Anpassung an die Wünsche, Bedürfnisse und Erwartungen der Kunden betrachten. Immerhin scheint die öffentliche Verwaltung bemüht zu sein, sich anzupassen und somit eine Kundenorientierung anzustreben.

Zunächst ist festzustellen, dass sowohl das Unternehmen H&M als auch das Bürgeramt der Stadt Frankfurt an allen Werktagen erreichbar sind. Darüber hinaus bietet H&M seinen Kunden auch samstags die Möglichkeit zum Einkaufen. Während die Öffnungszeiten bei H&M an allen Tagen einheitlich von 10:00 bis 20:00 Uhr festgelegt sind, stellt das Bürgeramt unterschiedliche Öffnungszeiten zur Verfügung (montags: 09:00 bis 17:00 Uhr; dienstags: 07:30 bis 13:00 Uhr; mittwochs: 07:30 bis 13:00 Uhr; donnerstags: 10:00 bis 18:00 Uhr; freitags: 07:30 bis 13:00 Uhr).

Es ist zumindest erkennbar, dass sowohl H&M als auch das Bürgeramt den Kunden bzw. den Bürgern eine durchgängige Erreichbarkeit ermöglichen. Dazu werden die Pausenzeiten im Unternehmen bzw. im Bürgeramt so koordiniert, dass eine Schließung während der Mittagszeit nicht anfällt.

Ein weiterer Unterschied ist die Möglichkeit der Terminvereinbarung. Während der Kunde bei H&M eher nicht die Wahl hat, einen Termin zu vereinbaren, hat der Bürger im Bürgeramt die Möglichkeit zur Terminvereinbarung, die dann zu kürzeren Wartezeiten führen kann. Für Kunden von Unternehmen lässt sich dies wohl oftmals lediglich dadurch erreichen, dass Stoßzeiten umgangen werden.

Erwähnenswert ist neben der persönlichen auch die telefonische Erreichbarkeit. Hier wird sowohl dem Kunden als auch dem Bürger während der regulären Öffnungszeiten die Möglichkeit der telefonischen Auskunft geboten. Dies erweist sich als sinnvoll, wenn es sich lediglich um kleine Anfragen oder Auskünfte handelt. Praktikabel ist hierbei die Möglichkeit, sich eine unnötige Anfahrt und somit Zeit und Geld einzusparen.

Aus der Gegenüberstellung der Erreichbarkeit ist zu erkennen, dass H&M seinen Kunden eine längere Einkaufsmöglichkeit durch lange Öffnungszeiten bietet. Dagegen bietet das Bürgeramt zweimal wöchentlich eine längere Öffnungszeit an.

An den anderen Nachmittagen wird die Arbeitszeit der Mitarbeiter durch die Sachbearbeitung oder andere organisatorische Aufgaben ausgeschöpft. Dieser Prozess ist für Bürger im Regelfall nicht sichtbar. Zumindest lässt sich daran erkennen, dass sowohl H&M als auch das Bürgeramt ihre Öffnungszeiten spezifisch an die Bedürfnisse, Wünsche und Erwartungen ihrer Kunden bzw. Bürger anpassen.

Fazit

Bereits bei der Pflege der Stammkunden durch Kulanz sind Unterschiede feststellbar. Während das Unternehmen Kulanz anbietet, um Kunden langfristig zu binden, sind solche Maßnahmen in der öffentlichen Verwaltung nicht erkennbar. Die Betrachtung von Kulanz und Ermessen lässt zumindest erahnen, dass die öffentliche Verwaltung in ihrer Entscheidungsfreiheit weniger Freiheiten genießt als das Personal in einem Unternehmen. Ob sich dies dann tatsächlich im Einzelfall so darstellt, hängt von der jeweiligen Unternehmensstrategie ab (die seitens der Unternehmen nicht immer transparent gemacht wird).

Hinzu kommt, dass sich die öffentliche Verwaltung derzeit u.a. aufgrund der überwiegend einmaligen Vorgänge nicht genötigt sieht, eine Bindung zu den Bürgern aufbauen zu müssen.

Auch die unterschiedlichen wirtschaftlichen Ziele der öffentlichen Verwaltung und der Unternehmen scheinen zu verdeutlichen, dass die Neukundengewinnung nur in der Wirtschaft eine große Rolle spielt. Durch die stetig wachsende Konkurrenz und den daraus resultierenden Wettbewerb zwischen den Unternehmen ist es für diese besonders wichtig, sich durch Werbemaßnahmen hervorzuheben und neue Kunden zu gewinnen. Die öffentliche Verwaltung verfolgt dagegen „lediglich" das Ziel der Aufgabenerfüllung und Kostendeckung. So sieht sie sich nicht dazu aufgerufen, Werbemaßnahmen durchzuführen.

Im Bereich der Öffnungszeiten für Bürger und Kunde lassen sich hingegen nur leichte Unterschiede erkennen. Auf den ersten Blick wirken die Öffnungszeiten der Unternehmen zwar kundenfreundlicher, jedoch ist zu beachten, dass in der Verwaltung viele Sachbearbeitungstätigkeiten anfallen, die außerhalb der Öffnungszeiten zu erledigen sind. Diese Tätigkeiten fallen in einem Unternehmen zwar auch an, werden aber in einem anderen Bereich des Unternehmens und von anderen Mitarbeitern separat bearbeitet.

Die Kundenorientierung der Wirtschaft lässt sich demnach nicht ohne Weiteres auf die öffentliche Verwaltung übertragen.

Öffnungszeiten der Verwaltung

(angelehnt am Ergebnis von Gruppe 4)

Die Strukturen des öffentlichen Dienstes scheinen noch immer weitgehend veraltetet zu sein. Den Bürgern wird zwar die Gelegenheit für das Vorbringen ihres Anliegens gegeben, aber offensichtlich reagiert die öffentliche Verwaltung darauf mit tradierten Vorgehensweisen der Vergangenheit. Auch wenn im Zuge der Einführung von Bürgerbüros bereits eine deutliche Ausrichtung hin zu Servicestellen der öffentlichen Verwaltung vorgenommen wurde, bleibt das Lösen von ungewollten „Normen" (also z.B. der Maßgabe: „Das haben wir schon immer so gemacht!") eher noch die Ausnahme. Die Öffnungszeiten der öffentlichen Verwaltung scheinen dazuzugehören.

Für die Wirtschaft haben sich in Bezug auf die Ladenöffnungszeiten bereits breite Möglichkeiten durch eine Regelung zur wöchentlichen Mindestöffnung ergeben. Während dabei einige Bundesländer mit ihren gesetzlichen Regelungen eine noch eher defensive Strategie verfolgen (z.B. in Bayern von Montag bis Samstag: 06.00 bis 20.00 Uhr), haben andere Bundesländer eine nahezu vollständige Freigabe der Ladenöffnungszeiten vorgenommen (z.B. in Hessen von Montag bis Samstag: 00.00 bis 24.00 Uhr). Lediglich der Sonntag und die Feiertage werden gleichermaßen in allen Bundesländern als „geschlossen" geführt.

Von dieser Freiheit war die Wirtschaft bis 1989 noch weit entfernt. Im Regelfall galt bis dahin von Montag bis Freitag eine maximale Öffnungszeit von 07.00 bis 18.30 Uhr und samstags von 07.00 bis 14.00 Uhr. Erst 1989 kam der Donnerstag als Ausnahmetag hinzu. Die Öffnungszeit wurde bis 20.30 Uhr verlängert. Am Samstag konnten die Geschäfte teilweise bis 16.00 Uhr geöffnet bleiben.

An dieser Historie scheint die öffentliche Verwaltung noch immer festzuhalten. Eine Vielzahl von Kommunen stellt eine längere Sprechstunde für den Donnerstag zur Verfügung, bleibt aber innerhalb der Woche bei deutlich begrenzten Öffnungszeiten, die nicht bis in den Abend dauern. Der Samstag und der Sonntag sind noch immer weitgehend als „geschlossen" gekennzeichnet.

Bedarfe der Bürger

Bürger haben eine Vielzahl Aktivitäten „auf dem Amt zu erledigen". Sie benötigen beispielsweise Verwaltungsleistungen der Kfz-Zulassung, des Meldewesens oder in Bezug auf die Beantragung eines neuen Ausweisdokuments. Vollzeiterwerbstätige empfinden die Öffnungszeiten der öffentlichen Verwaltung noch immer als kurz, da sie ihr Anliegen nur unter Inkaufnahme deutlicher Nachteile „vorbringen" können.

Wie notwendig eine Anpassung der Öffnungszeiten sein kann, soll beispielhaft an den Städten Greven (Nordrhein-Westfalen) und Offenbach (Hessen) dargestellt werden. Ende 2013 war das Bürgerbüro in Greven über die Feier- und Folgetage für insgesamt 10 Tage geschlossen, u.a. um Heizkosten zu sparen. Im Ergebnis ergaben sich bei Wiedereröffnung im neuen Jahr stundenlange Wartezeiten für die Bürger. Was für die ca. 37.000 Einwohner der Stadt Greven (mit ihrer durchaus gegenüber größeren Städten als übersichtlich zu bezeichnenden Anzahl an Verwaltungsbeamtinnen und -beamten) ein Ausnahmezustand war, ist für die Stadt Offenbach am Main mit knapp 120.000 Einwohnern trotz des größeren „Verwaltungsapparates" seit Jahren ein dauerhaftes Problem.

Hier konnten sich die Bürger zwar über das Internetportal der Stadt einen Termin geben lassen, jedoch nahm der Großteil der Bevölkerung dies bis Anfang 2015 noch nicht in Anspruch. Die Menschen warteten zum Teil mehrere Stunden, teilweise vor dem Verwaltungsgebäude. Das war ein Zustand, den die Stadt nicht länger hinnehmen wollte. Auch wollte sie ihr Personal dem nicht mehr aussetzen. Am 03.03.2015 kürzte das Bürgerbüro zwar seine Öffnungszeiten, stockte aber das Personal auf. Da die Zeit nun begrenzt war, in der man „zum Amt" gehen konnte, ließen sich immer mehr Bürger über das Internet Termine geben. Gewirkt hatte die Maßnahme aber nicht, weil ungewollte Mehrfachbuchungen doch wieder zu langen Wartezeiten führten.

Um Bürgern entgegenzukommen und Wartezeiten möglichst gering zu halten, wird in den Städten an unterschiedlichen Lösungswegen gearbeitet. So wurden in Berlins Stadtteil Pankow die Bürgerämter schon um 07.00 Uhr morgens geöffnet anstatt erst um 08.00 Uhr und damit eine Frühsprechstunde eingerichtet. Berufstätige sollten die Gelegenheit haben, sich vor dem Beginn ihrer eigenen Arbeitszeit um entsprechende Angelegenheiten zu kümmern.

Allerdings scheint dies nicht immer möglich zu sein. Entweder lässt es der Personalkörper der jeweiligen Behörde nicht zu oder rechtliche Vorgaben sprechen dagegen. Sicherlich sind auch die Personalvertretungen der Behörden im Interesse des von ihnen vertretenen Verwaltungspersonals nur schwerlich von der Notwendigkeit verlängerter Öffnungszeiten zu überzeugen. So sind in Bochum die Öffnungszeiten der Verwaltung seit 2009 aus Kostengründen sogar verkürzt worden.

Grundsätzliches

In diesem Kapitel soll der Frage nachgegangen werden, ob sich die Attraktivität der Verwaltung im Einklang mit den Interessen des Verwaltungspersonals erhöhen ließe, wenn flexiblere und kundenfreundlichere Bürozeiten angeboten und eingeführt würden.

Zum besseren Verständnis werden zunächst die Begriffe „Attraktivität", „Arbeitszeit", Bürozeit" und „Öffnungszeit" definiert und in ihrer Bedeutung für das Thema erläutert.

Attraktivität

Unter „Attraktivität" ist „Anziehungskraft" zu verstehen, was so viel bedeutet wie das „Vermögen, jemanden in seinen Bann zu ziehen". Nun möchte die öffentliche Verwaltung die Bürger nicht im wortwörtlichen Sinne „in ihren Bann ziehen". Bei der Attraktivität der Verwaltung geht es vielmehr um eine positive Ausstrahlung und damit um eine angenehme Wirkung, die die öffentliche Verwaltung gegenüber ihren Kunden erzielen möchte. Dies lässt sich auch als Image bezeichnen. Gemeint ist ein positives Meinungsbild der Bürger gegenüber ihrer öffentlichen Verwaltung. Dazu könnten flexiblere Öffnungszeiten einen Beitrag leisten.

Arbeits-, Büro-, Geschäfts- und Öffnungszeiten

Bei der „Arbeitszeit" handelt es sich laut Duden um die „für die Arbeit vorgesehene oder festgelegte Zeitspanne", welche im Falle des Verwaltungspersonals durch Arbeitsverträge oder Rechtsvorschriften geregelt ist. Umschrieben wird diese Zeitspanne auch als „Zeit, die für eine bestimmte Arbeit benötigt wird". Die „Bürozeit" ist dagegen die Zeit, „in der in einem Büro gearbeitet wird". Sie stimmt im Regelfall mit den „Geschäftszeiten" überein.

Ein Synonym für „Geschäftszeiten" ist laut Duden das Wort Öffnungszeiten. Letzteres wird als Zeitraum beschrieben, „in dem etwas geöffnet ist". Bei Büro-, Geschäfts- und Öffnungszeiten im Sinne der öffentlichen Verwaltung ist die Zeit gemeint, in welcher die öffentliche Verwaltung für Bürger unmittelbar erreichbar ist, also deren Anliegen entgegennimmt, sei es persönlich, in einem Amtsgebäude oder telefonisch.

Die „Arbeitszeit" ist hierbei nicht mit den anderen Begriffen gleichzusetzen, da es auch Zeiträume gibt, in denen die Behörden des öffentlichen Dienstes nicht für Besuche der Kunden zur Verfügung stehen, d.h. nicht geöffnet sind, ihr Personal jedoch trotzdem tätig ist.

Werden in diesem Kapitel flexiblere Öffnungszeiten der öffentlichen Verwaltung behandelt, so sind jene Abschnitte gemeint, in denen die Bevölkerung die Möglichkeit hat, direkten Kontakt zum Verwaltungspersonal aufzunehmen.

Interessenanalyse

Im Folgenden werden Interessen von Bürgern und Verwaltungspersonal aufgeführt, die für die Bestimmung der Öffnungszeiten des öffentlichen Dienstes unmittelbar ausschlaggebend sind.

Sicht der Verwaltung und ihres Personals

Das Handeln der öffentlichen Verwaltung sowie der Einsatz ihres Personals werden nicht nur vom subjektiven Verlangen des Einzelnen beeinflusst. Vielmehr geben das Arbeitsschutzgesetz, die verabschiedeten Arbeitsverträge, das Beamtenstatusgesetz und durch Gewerkschaften ausgehandelte Tarifverträge den Handlungsrahmen vor. Die Tarifverträge werden zwischen den Gewerkschaften und Arbeitgebern ausgehandelt. Die Gewerkschaften handeln im Interesse der Angestellten und versuchen mit den Arbeitgebern in Bezug auf deren Belange einen Kompromiss zu schließen.

Verträge wie auch Gesetze dienen zwar der Sicherstellung einer geordneten Arbeitsinfrastruktur, sie sollen aber auch die Rechte des Verwaltungspersonals schützen. Immerhin soll das Verwaltungspersonal die im Arbeitsvertrag festgelegte Leistung konstant erbringen können. Es gilt deshalb zu vermeiden, dass Überanstrengungen bzw. Überarbeitungen aufgrund zu hoher Ansprüche die Leistung des Personals mindert oder im schlimmsten Fall Arbeitsausfälle verursachen.

Darauf zu achten obliegt den Arbeitgebern. Sie haben eine Fürsorgepflicht gegenüber ihrem Personal (u.a. thematisiert im Arbeitsschutzgesetz, Bundesbeamtengesetz und Beamtenstatusgesetz) und eine Pflicht zur Gesunderhaltung (bspw. für Beamtinnen und Beamte geregelt im Beamtenstatusgesetz). Insoweit ergeben sich Grenzen in Bezug auf die Arbeits- und Öffnungszeiten der öffentlichen Verwaltung.

Ein weiterer Punkt, der die Festsetzung der Öffnungszeiten beeinflusst, ist das Vorhandensein von zumutbaren An- und Abreisewegen für die Belegschaft. Gemeint sind günstige Verkehrsanbindungen durch öffentliche Verkehrsmittel. Da in den frühen Morgenstunden wie auch am späten Abend eher weniger, teilweise keine öffentlichen Verkehrsmittel zur Verfügung stehen, liegt es nahe, dies bei der Auswahl von Öffnungszeiten der öffentlichen Verwaltung zu berücksichtigen.

Vorschriften und Handlungsanweisungen regeln die Bearbeitung der Vorgänge der öffentlichen Verwaltung. So sind Fristen einzuhalten und Vorgänge auch ohne Einbeziehung der betroffenen Kunden weiterzubearbeiten und abzuschließen. Das kann mit deutlichem Zeitaufwand verbunden sein. Um dem Personal die Gelegenheit zur Abarbeitung zu geben, muss ihm eine Zeitspanne eingeräumt werden, in der keine Beratung von Bürgern stattfindet.

Es ist dabei zu berücksichtigen, dass übermäßige Störungen das Bearbeiten komplizierter Vorgänge deutlich verlängert. So können sich auch weitere Anliegen ansammeln, die dann immer später bearbeitet werden. Das kann die Einhaltung von Fristen gefährden. Nicht selten ist dies die Ausgangssituation für vermeidbare Fehler, die dann wiederum zu Stress und Unzufriedenheit führen. Es kann sich geradezu eine Spirale von Stress, Unzufriedenheit und Fehlern entwickeln, aus der sich das Personal dann nur noch schwer selbst herausmanövrieren kann.

Sicherlich liegt es auch im Interesse des Personals der öffentlichen Verwaltung, die Arbeitszeiten im Beruf sowohl mit dem Familienleben als auch mit außerberuflichen Verpflichtungen und Aktivitäten in Einklang zu bringen. Aus Sicht des Personals muss die Möglichkeit gegeben sein, erfolgreich eine Familie zu gründen bzw. zu führen und auch am Familienleben teilzunehmen. Pflegebedürftige Angehörige nehmen eventuell ebenfalls einen großen Teil der außerberuflichen Zeit in Anspruch.

Die Teilhabe am Vereinsleben und die Ausübung von Hobbys und anderen Arten sozialen Kontakts dienen dann als Ausgleich zum Arbeitsleben und privaten Verpflichtungen.

Sicht der Bürger

Im Zuge einer „Zufriedenheitsbefragung 2015" erhob das Statistische Bundesamt die Zufriedenheit der Bürger mit ihrer öffentlichen Verwaltung. Gemessen wurden u.a. die Zufriedenheit nach Lebenslage sowie die Wichtigkeit einzelner Faktoren, die sich auf die Zufriedenheit auswirken.

Die Ergebnisse lassen erkennen, dass die Bürger vor allem auf soziale Faktoren wie Unbestechlichkeit (89 %) und Diskriminierungsfreiheit (90 %) großen Wert legen. In Bezug auf die Öffnungszeiten sind die Anforderungen dagegen eher überschaubar. Bürger möchten schnellstmöglich „drangenommen" werden und ihr Anliegen in kürzester Zeit von freundlichen und kompetenten Mitarbeitenden erfüllt bekommen. Bürger legen auch Wert auf verständliche Anträge, deren Zugang leicht möglich ist. Die Wartezeit beeinflusst ca. zwei Drittel der Befragten in ihrer Zufriedenheit und stellt damit einen interessanten Faktor für die öffentliche Verwaltung dar, um an ihrem Image zu arbeiten.

Übereinstimmung und Unterschiede bzgl. der Interessen

Bei der Konzeption der Öffnungszeiten der öffentlichen Verwaltung sind im Idealfall sowohl die Interessen der Bürger, des Personals und der Dienstherren in Einklang zu bringen. Sowohl dem Personal des öffentlichen Dienstes als auch den Kunden sollte die Möglichkeit gegeben werden, die Behörde mit öffentlichen Verkehrsmitteln und möglichst reibungslos zu erreichen. Die Hauptöffnungszeiten sollten folglich mit dem Vorhandensein bestehender Verbindungen öffentlicher Verkehrsmittel abgestimmt sein.

Personal und Bürger haben Verpflichtungen und Bedürfnisse, deren Erfüllung bzw. Befriedigung sie anstreben. Hierunter fallen u.a. Aufgaben der Haushaltsbewältigung (z.B. Einkäufe, Reparaturen in der Wohnung/im Haus) oder der Familienführung (z.B. die Betreuung und Erziehung von Kindern), die Wahrnehmung von ehrenamtlichen Tätigkeiten oder auch die Teilnahme am Vereinsleben. Die Öffnungszeiten des öffentlichen Dienstes sollten im Idealfall darauf ausgerichtet sein, die Planung entsprechender Aktivitäten in zumutbarem Maße zu ermöglichen.

Die Bürger müssen einen Behördengang mit An- und Abreise in ihre Tages-planung einpflegen. Je nach örtlicher Gegebenheit und Vertragsverhältnis beim eigenen Arbeitgeber kann dies damit verbunden sein, einen Urlaubstag für den Behördengang „zu opfern". Längere Öffnungszeiten würden den Bürgern eine größere Flexibilität ermöglichen, so dass sie den (meist eher seltenen) Behör-dengang besser in ihre persönliche Planung unterbringen können. Sie könnten dadurch „in dem Moment" zur Verwaltung gehen, wenn keine anderen Termi-ne wahrzunehmen sind bzw. sie könnten zumindest die Einschränkungen im persönlichen Tagesgeschäft geringhalten.

Das Personal der öffentlichen Verwaltung könnte sich mit kürzeren Öffnungs-zeiten „anfreunden". Immerhin entstünden (rein theoretisch betrachtet) mehr Aufträge und Anfragen, würden den Kunden erweiterte Möglichkeiten gege-ben, die Behörde zu besuchen. Um bei dieser Konstellation trotzdem die Ar-beitszeiten im vertretbaren (oder zumindest im gesetzlichen) Rahmen zu hal-ten, müssten u.U. umfangreiche Planungen im Bereich des Personals und sei-ner Arbeitszeiten vorgenommen werden. Bei nicht ausreichendem Personal wären Neueinstellungen vorzunehmen. Hier ist nicht nur die Verfügbarkeit von Fachkräften und die Ausbildung neuer Mitarbeiter zu planen. Auch der Haushalt der Behörden muss solche Veränderungen zulassen. Insoweit sollte der Aufwand entsprechender Reformen zur Veränderung der Öffnungszeiten nicht unterschätzt werden.

Während also der Kunde lange Öffnungszeiten für mehr Flexibilität benötigt, wird es im Interesse der öffentlichen Verwaltung liegen, ihre Öffnungszeiten zu begrenzen, um Überstunden und Überarbeitung zu vermeiden, sowie den Eingang neuer Arbeit zu kontrollieren bzw. zu steuern und Kosten gering zu halten. Es ist deshalb bei der Planung von Öffnungszeiten der Verwaltung zu beachten, dass Veränderungen zugunsten der Flexibilität der einen „Partei" zu Einschränkungen der anderen führen können.

Interessenausgleich

<u>Personalplanung</u>

Um die Öffnungszeiten effizient und effektiv zu nutzen, bedarf es der Reduzie-rung von Wartezeiten. Wartezeiten sollten im Regelfall ein Indikator für Un-terbesetzungen in der Behörde sein. Solche Unterbesetzungen führen nicht selten zu überlastetem Personal, das wiederum dem Unmut der wartenden Bürger und damit einem höheren Stresspotenzial ausgesetzt ist.

Hier könnte eine präzise Fallanalyse helfen. Das kann die Verwaltung selbst durchführen, ohne auf externe Beratungsunternehmen zurückgreifen zu müssen. Erfahrungswerte ließen sich sammeln, indem während der täglichen Arbeit seitens des Personals dokumentiert wird, zu welchen Uhrzeiten und an welchen Wochentagen „Stoßzeiten" herrschen. Dementsprechend könnten für stark frequentierte Wochentage und Uhrzeiten Maßnahmen getroffen werden, um sowohl das Wartezimmer der Behörde als auch die Geduldsspanne der Bürger zu entlasten.

Eine denkbare Möglichkeit wäre es auch, die Telearbeiter für solche Tage in die Verwaltung zu berufen, um für eine Entlastung der Kolleginnen und Kollegen zu sorgen. Auch Teilzeitbeschäftigte könnten entsprechend präzise eingeplant werden. Kritisch zu sehen ist hierbei allerdings die Personalplanung in Urlaubs- oder Krankheitsfällen und die damit einhergehende Einschränkung des Personals, an bestimmten Wochentagen arbeiten zu „müssen".

Längere Öffnungszeiten

Eine Möglichkeit, die Interessen der Bürger zu befriedigen, wäre eine Verlagerung von Öffnungszeiten. Denkbar wären Sprechstunden am frühen Abend oder Samstagsöffnungszeiten. Allerdings ist zu bedenken, dass dies zu einem Nachteil des Personals führen kann, wenn es gegenüber den bisherigen Öffnungszeiten Abstriche in ihrem Privatleben machen müsste. Für einen Ausgleich wäre es notwendig, die Öffnungszeiten an der einen Stelle zu verlängern und an anderer zu kürzen.

Beispielhaft ist das Bürgerbüro der Stadt Offenbach zu nennen. Die wöchentlichen Öffnungszeiten wurden von 40 auf 33 Stunden reduziert, im Gegenzug wurde eine Abendsprechstunde, donnerstags von 15:00 bis 20:00 Uhr, eingeführt. Diese Maßnahme scheint nur geringfügig mit der Vereinbarkeit von Freizeit und Beruf zu konkurrieren. Immerhin könnten Teilzeitkräfte zumindest donnerstags vormittags ihren privaten Belangen nachkommen und dann am Abend für die Sprechstunde zur Verfügung stehen. Dazu könnten sich Vollzeitmitarbeiter, z.B. in einem Zwei-Wochen-Turnus, mit der Abendschicht abwechseln, so dass sich für alle ein Ausgleich ergibt.

Eine weitere Form der verlagerten Öffnungszeiten wären frühere Sprechstunden. Öffnet die öffentliche Verwaltung bereits um 07:00 Uhr, ist es vielen Bürgern möglich, noch vor dem eigenen Arbeitsbeginn ihr Anliegen zu erledigen und vielleicht auch der erhöhten Nachfrage der Abendsprechstunde zu entgehen. Auch dem Personal der Verwaltung dürfte dies entgegenkommen. Durch Wechselschichten kann einer Überbelastung entgegengewirkt werden. Außerdem endet ein Arbeitstag durch den früheren Arbeitsbeginn auch früher.

In Bezug auf die Sozialverträglichkeit ist die Samstagsöffnungszeit kritischer zu betrachten. Dem Statistischen Bundesamt nach finden Freizeitaktivitäten in Familien vor allem am Wochenende statt. Im Vordergrund stehen hierbei die Hausarbeit, die Betreuung von Kindern/Angehörigen und soziale Kontakte. Vermutlich würden Alleinerziehende sogar benachteiligt, da bislang eher wenige Kitas eine Samstagsbetreuung anbieten.

Fraglich ist allerdings, ob dieses Angebot angenommen wird. Immerhin gehen Bürger am Wochenende doch eher ihrer Freizeit nach. So hat die Stadt Werne eine faktische Ablehnung regelmäßiger Samstagsöffnungszeiten durch die Bürger feststellen müssen. In den angesetzten Testmonaten war die Nachfrage viel zu gering, als dass sich die Maßnahme als Erfolg hätte darstellen können. Kamen im April 2009 (Anfang des Projekts) noch 25 Bürger zur Samstagssprechstunde, waren es im September 2009 (Ende des Projekts) nur noch acht. Zuschläge für die Samstagsarbeit des eingesetzten Personals haben dies auch monetär zu einem Fehlschlag werden lassen.

eGovernment

Mit dem am 01.08.2013 in Kraft getretenen „Gesetz zur Förderung der elektronischen Verwaltung sowie zur Änderung weiterer Vorschriften" (EGovG) beabsichtigt die Bundesregierung die Digitalisierung der öffentlichen Verwaltung voranzutreiben. Es geht um die „Abwicklung geschäftlicher Prozesse im Zusammenhang mit Regieren und Verwalten (Government) mit Hilfe von Informations- und Kommunikationstechniken über elektronische Medien". Die öffentliche Verwaltung soll demnach versuchen, sich zu einem „digitalen Bürgerbüro" bzw. einem „digitalen Rathaus" zu entwickeln.

Die Stadt Wiesbaden zeigt durch ihre Internetpräsenz, wie ein „virtuelles Rathaus" gestaltet sein kann. Sie hat Dienstleistungen von über 70 Ämtern mit Informationen über anfallende Gebühren, Öffnungszeiten und die Erreichbarkeit der Ämter mit öffentlichen Verkehrsmitteln im Internet elektronisch nachvollziehbar dargestellt. Mit Mausklick abrufbare Merkblätter informieren die Bürger bereits im Vorfeld eines Behördengangs über die benötigten Unterlagen. Auch eine elektronische Antragstellung wird ermöglicht.

Für die öffentliche Verwaltung bedeutet dies weniger Publikumsverkehr, da die Bürger aufgrund der durchgehenden Öffnungszeiten des „virtuellen Rathauses" nicht mehr an Ort und Zeit gebunden sind. Durch ein Terminbuchungssystem, wie es die Stadt Offenbach anbietet, können Wartezimmer entlastet werden. Das fördert bei stringenter Planung einen günstigen Ablauf für die öffentliche Verwaltung und die Bürger gleichermaßen.

Für die öffentliche Verwaltung kann sich die Kostenfrage attraktiv gestalten, weil sich die Investitions- und Folgekosten für das „virtuelle Rathaus" an anderer Stelle einsparen lassen. Immerhin übernimmt der Bürger durch die elektronische Antragstellung via Internet den Eingabeaufwand. Dadurch kann die öffentliche Verwaltung den eigenen Eingabeaufwand hierfür reduzieren und damit letztlich Personalkosten einsparen.

Allerdings ist eGovernment wohl noch immer eher für jüngere Bürger eine ideale Lösung und für solche, die berufsmäßig mit dem Medium zu tun haben und deshalb daran gewöhnt sind. Älteren Bürgern ohne Internetzugang oder in bestimmten Fällen auch körperlich eingeschränkten Menschen kann sich eGovernment dagegen sogar als Barriere darstellen. Für diese Personengruppen ist es weiterhin notwendig, über herkömmliche Wege Zugang zur Behörde zu erhalten.

Fazit und Ausblick

In diesem Kapitel sollte erkennbar geworden sein, dass sich Öffnungszeiten einer öffentlichen Verwaltung nicht „mal eben schnell" flexibel gestalten lassen, damit Bürger kurzfristig zufriedener mit ihrer öffentlichen Verwaltung werden. Vielmehr ist eine präzise Analyse der örtlichen Gegebenheit erforderlich.

So ist es denkbar, dass in einer Gemeinde die Öffnungszeiten beibehalten werden und im Gegenzug mittels Terminvergaben und durch Einsatz von eGovernement die Bearbeitung schneller und effizienter ermöglicht wird (z.B. Anträge zum Download bereithalten, so dass Bürger diese ausgefüllt der Gemeinde übergeben).

Es ist aber vielleicht auch deutlich geworden, dass Flexibilität einer öffentlichen Verwaltung bedeutet, auf die Belange des Personals einzugehen und sowohl organisatorische als auch persönliche Aspekte zu betrachten und möglichst miteinander in Einklang zu bringen.

Öffentliche Verwaltungen sind nicht per se als bürokratisch anzusehen, nur weil sich der jeweilige Dienstherr entschlossen hat, sein Personal vor Überlastungen zu schützen.

Allerdings wäre es ihm anzulasten, wenn er keine konkrete Analyse durchführt, dies gemeinsam mit seinem Personal erörtert und so Neuerungen bzw. Änderungen abwägt.

Das Ergebnis und vielleicht auch der dabei vorgenommene Gedankenweg sollten den Bürgern transparent gemacht werden. Immerhin kann mit Verständnis der Bürger gerechnet werden, wenn ihnen die Beweggründe für das Verhalten der öffentlichen Verwaltung klargemacht werden. Dass sich dabei nicht alle überzeugen lassen, sollte kein Hinderungsgrund für Transparenz sein.

Zumindest scheint es wahrscheinlich zu sein, dass eine Behörde insbesondere dann als bürokratisch wahrgenommen wird, wenn sie sich selbst nicht hinterfragt und stattdessen stets an den bisherigen Verhaltensweisen festhält, ohne dafür eine plausible Erklärung zu haben.

Im Gegenzug sollte es möglich sein, als Behörde unbürokratisch wahrgenommen zu werden, wenn Verhaltensweisen der Bürger transparent analysiert und in ein verändertes Verwaltungshandeln münden. Werden die Bürger zusätzlich animiert, sich mit Änderungsvorschlägen einzubringen, sollte sich in Summe ein positives Image erzeugen lassen können.

Service durch Digitalisierung

(angelehnt am Ergebnis von Gruppe 5)

In § 1 Abs. 1 S. 2 HGO ist festgehalten, dass Kommunen das Wohl ihrer Einwohner zu fördern haben. Daraus lässt sich die Frage ableiten, wie dieses Ziel erreicht werden kann. Im Volksmund hat die „deutsche Bürokratie", die offensichtlich in der öffentlichen Verwaltung herrscht, ein negatives Image. Für die öffentliche Verwaltung bedeutet dies, dass der Service verbessert und die Zufriedenheit der Bürger gestärkt werden sollte.

Der Weg dahin könnte durch die vermehrt eingesetzte Digitalisierung erreicht werden. Dazu sind aber verschiedene Zielgruppen herauszufiltern und Produkte der öffentlichen Verwaltung an diese Personengruppen anzupassen. Ein erster Schritt in diese Richtung war die Entwicklung von der klassischen Ordnungs- und Hoheitsverwaltung hin zu einer eher unternehmerisch denkenden öffentlichen Verwaltung mit veränderten Verwaltungsstrukturen, ergänzt um eine Service- und Dienstleistungsfunktion mit bürgerorientierter Ausprägung.

Dazu kommt die immer weiter voranschreitende Digitalisierung, die viele Lebensbereiche bereits direkt tangiert: Online-Shopping, Online-Banking oder auch soziale Netzwerke für den Kommunikationsaustausch. Die erste Webseite wurde am 13. November 1990 von Tim Berners-Lee erstellt und enthielt zunächst noch 25 Worte. Ihr folgten über die Jahre hinweg immer mehr Webseiten. Im Jahre 2015 wurde von über 200 Millionen verschiedenen Webseiten ausgegangen. Dem hat sich auch der öffentliche Dienst nicht verschlossen. Er ist seit einigen Jahren auf diversen Webseiten präsent.

Das Bundeskabinett hat im Jahre 2014 sein Programm „Digitale Verwaltung 2020" beschlossen, um den Bürgern den Weg zur Behörde weitgehend durch elektronische Verfahren zu ersetzen. Im Wesentlichen soll das im Jahre 2013 verabschiedete eGovernment-Gesetz im Bund verwirklicht werden. Es soll mehr Transparenz in der Bundesverwaltung schaffen. Vorreiter sind die Beschaffungsmaßnahmen des Bundes, die weitgehend elektronisch und damit besser nachvollziehbar gestaltet wurden.

Aufgrund der vielfältigen Aufgaben der öffentlichen Verwaltung sind die Bürger auf die Zusammenarbeit mit der öffentlichen Verwaltung in verschiedensten Lebensphasen angewiesen.

Die Lebensphasen umfassen die Zeit der Ausbildung, das Berufsleben sowie den anschließenden Ruhestand. Auch die Erwerbslosigkeit von Bürgern ist ein relevantes Thema.

Für dieses Kapitel sind die Lebensphasen grob einer bestimmten Altersgruppe zugeordnet. Es geht darum, das Alter als Maßstab zu nutzen, um die verschiedenen Lebensphasen und damit auch die Bedürfnisse der Bürger darstellen und vergleichen zu können.

Definitionen

Für das Wort „Digitalisierung" sind unterschiedliche Definitionen bekannt. Hier soll „Digitalisierung" definiert werden als das „Erfassen und Abbilden unserer Welt in maschinenlesbarer Form, bei gleichzeitiger Steigerung der intelligenten Vernetzungsdichte von Menschen, Dingen und Informationen". Das soll bedeuten, dass Prozesse, Abläufe und Beschaffungsmaßnahmen einer Behörde in elektronischer Form auf Websites dargestellt werden, zu denen Bürger Zugang haben.

„Service" wird aus der englischen Sprache übersetzt mit Dienst oder Bedienung. Ein Service ist also eine Dienstleistung für einen Kunden. Auf die öffentliche Verwaltung projiziert, stellt dies beispielsweise einen Bescheid dar, der von einem Bürger zur Genehmigung eines Bauvorhabens beantragt wird. Service ist darauf ausgerichtet, den Aufwand für die Kunden zu verringern bzw. seitens der öffentlichen Verwaltung ein Entgegenkommen zu zeigen, damit die Zufriedenheit der Bürger erreicht werden kann.

Im Folgenden soll vor allem darunter verstanden werden, dass die öffentliche Verwaltung dem Bürger entgegenkommt, um dessen Aufwand für den typischen Behördengang so gering wie möglich zu halten. Dieser Service wird für eine positive Zusammenarbeit benötigt, damit beide „Parteien" (öffentliche Verwaltung und Bürger) ein gutes Arbeitsverhältnis zueinander aufbauen und halten können, so dass längerfristig keine Verdrossenheit entsteht.

Bürger ist jeder Einwohner einer Gemeinde, der sich an die öffentliche Verwaltung wendet, um eine Dienstleistung zu ersuchen bzw. der in sonstigem Kontakt mit der öffentlichen Verwaltung steht. Dem Bürger fehlt dabei die Möglichkeit die Behörde, an die er sich wenden möchte, frei auszuwählen. Die Zuständigkeit der einzelnen Verwaltungsbehörden richtet sich nach Ortsansässigkeit des Bürgers und des jeweiligen Sachverhaltes.

Die örtliche Zuständigkeit wird in Hessen in § 3 HVwVfG und die sachliche in § 1 HVwVfG geregelt.

Zur Betrachtung der verschiedenen Altersgruppen werden die Bürger in diesem Kapitel in drei Hauptgruppen eingeteilt:

- die 20-jährigen, die sich in der Berufsausbildung oder im Studium befinden (im Grunde sind das Bürger bis 29 Jahre),

- die 50-jährigen Erwerbstätigen (eigentlich die Bürger im Alter zwischen 30 und 60 Jahren),

- die 70-jährigen, die sich im Ruhestand befinden (bei Polizeibeamten ab 60 Jahren und ansonsten im Regelfall ab 65 Jahren).

Die Gruppen umfassen die in den Klammern genannten Altersspannen. Das vor der Klammer festgesetzte Alter wird hier exemplarisch gewählt, um im Text einen akzentuierten Vergleich zu ermöglichen.

Vergleich der Alterskategorien

Im Folgenden soll der Umgang der zuvor genannten Alterskategorien mit der Digitalisierung dargestellt werden.

<u>Die Gruppe der 20-jährigen</u>

Die Gruppe der 20-jährigen befindet sich zumeist in einer Phase des Lernprozesses, sei es in Ausbildung oder im Studium. Im Normalfall besitzen diese jungen Menschen wenig Erfahrung mit Behörden. Ihre Amtsgänge beschränken sich meist auf die Beantragung des Führerscheins und des Personalausweises bzw. auf ein polizeiliches Führungszeugnis oder ähnliche Unterlagen für die Ausbildung oder das Studium. Interessant ist daher, welchen Eindruck diese Altersgruppe bereits von der öffentlichen Verwaltung gewonnen hat und inwieweit sich die zukünftige Zusammenarbeit mit der Altersgruppe verbessern ließe.

Die Gruppe der 20-jährigen ist mit der digitalen Medienlandschaft von klein auf aufgewachsen. Das Internet stellt im Alltag der Gruppe einen ständigen Begleiter dar, sei es auf dem Smartphone, dem Tablet oder dem Laptop. Es ist für die Gruppe zur Gewohnheit geworden.

Insoweit haben die 20-jährigen keine Probleme mit der Internetnutzung. Im Bedarfsfall verfügen sie sogar über erfolgreiche Lösungsstrategien. Immerhin steht ihnen spätestens in der Mittelstufe ein spezifisches Unterrichtsfach zur Verfügung, das sie auf die zukünftigen Aufgaben am Computer vorbereitet. Es sollte ihnen mit ihren z.T. umfangreichen IT-Kenntnissen nicht schwer fallen, neue digitale Prozesse zu erfassen. In der Schule, Universität oder im Beruf sind diese Soft-Skills zumindest zwingend vorzuweisen.

Sie sind aufgrund ihrer (beginnenden) Erwerbstätigkeit oder ihres Studiums zeitlich eher nicht in der Lage, die Öffnungszeiten der Ämter wahrzunehmen. Ein Besuch in einem Amt würde für sie durchaus einen großen Aufwand bedeuten. Sie müssten sich beispielsweise einen halben Tag „freinehmen" oder sich nach der Arbeit bzw. nach dem Studium für den Behördengang eilen.

Die Digitalisierung bedeutet für die Gruppe der 20-jährigen eine enorme Zeitersparnis, da sie ohnehin täglich das Internet nutzt. Immerhin ist das Internet in Deutschland nahezu vollständig vorhanden. Eine E-Mail zu verfassen und abzusenden, bedeutet für sie einen geringeren Zeitaufwand als das Verfassen des gleichen Textes, der anschließend auszudrucken und per Post zu versenden wäre.

Die Gruppe der 50-jährigen

Die Betrachtung der 50-jährigen ist interessant, weil diese Gruppe bereits mehr Erfahrung mit der öffentlichen Verwaltung gemacht hat. Für dieses Kapitel sollen allerdings nur die Erwerbstätigen in Betracht gezogen werden. Andere sollen nicht abgewertet werden, aber immerhin haben z.B. Hausfrauen andere Möglichkeiten, die öffentliche Verwaltung zu nutzen. Dies gilt ebenso für arbeitslose und „voll erwerbsgeminderte" Bürger. Auch muss bei ihnen von einem anderen emotionalen Verhältnis zur öffentlichen Verwaltung als bei Erwerbstätigen ausgegangen werden, dem in diesem Buch nicht nachgegangen wird.

Für die Gruppe der 50-jährigen bedeutet der Umgang mit der Digitalisierung eine große Veränderung, die von dem einen Teil dazu genutzt wurde, sich auf den neusten Stand der Technik zu bringen. Andere wiederum verweigerten die Veränderung und versuchten, die traditionellen Kommunikationswege beizubehalten. Sie schätzen es sehr, durch das Telefon oder den regulären Schriftverkehr zu kommunizieren, auch wenn sie sich durchaus für die Internettechnologie interessieren.

Ihnen fehlt oftmals nur das Verständnis für Neuerungen der Technologie, zumal diese schnell aufeinander folgen und die Menschen ihr Medienverhalten ständig daran anpassen müssen. Durch ihre Berufstätigkeit haben viele 50-jährige Erfahrungen im Umgang mit Computern und der Nutzung des Internets. Da dies in fast allen Berufsgruppen gefordert wird, werden solche Kenntnisse nicht gänzlich freiwillig erlangt, sondern vielmehr für die Berufsausübung vorausgesetzt.

Die Mobilität ist bei den 50-jährigen im Regelfall noch recht flexibel, allerdings spielt die Öffnungszeit der öffentlichen Verwaltung auch bei ihnen eine als problematisch zu bezeichnende Rolle. Durch ihre Erwerbstätigkeit können sie sich zwar „freinehmen", aber oftmals stellt der nicht vorhandene Parkplatz – besonders zu Zeiten des Berufsverkehrs – vor einem Amt ein Hindernis für diese Zielgruppe dar. Öffentliche Verkehrsmittel werden in dieser Altersgruppe immer weniger genutzt. Auch sind Berufspendler oftmals durch einen aufwändigen Arbeitsweg daran gehindert, die Öffnungszeiten der Behörden wahrzunehmen. Eine Zeitersparnis durch die Digitalisierung der Behörden ergibt sich für die Gruppe der 50-jährigen, denn auch für sie ist eine E-Mail schneller verfasst als ein Brief verschickt.

Die Bedarfssituation dieser Zielgruppe sollte recht groß sein. Aufgrund ihrer langjährigen Zugehörigkeit im Beruf ist davon auszugehen, dass sie sich finanziell „einiges leisten können", z.B. den Besitz eines Grundstücks. Allein dessen Erwerb bringt schon einen nicht unerheblichen Verwaltungsaufwand mit sich. Sobald das Grundstück dann bebaut werden soll, ist eine Baugenehmigung der zuständigen Behörde notwendig. Der Bauherr wird dabei eine Vielzahl an Vorgaben zur Bebauung einzuhalten haben. Es fallen außerdem verschiedene Kosten an, wie Abwasserentsorgung und Frischwasserzuleitung, Stromversorgung oder Müllentsorgung. Außerdem beaufsichtigt die untere Naturschutzbehörde seltene Tierarten, die sich im heimischen Garten einnisten können und (zuweilen trotz Gefährdung von Kindern und Haustieren) nicht beseitigt werden dürfen. Zudem werden Anwohner einer Straße bei Sanierungen finanziell oder organisatorisch herangezogen.

Insoweit ist bei den 50-jährigen ein durchaus hoher Bedarf an Verwaltungstätigkeiten zu erwarten, dem durch die fortschreitende Digitalisierung mit weniger Aufwand nachgekommen werden könnte.

Die Gruppe der 70-jährigen

Das Alter dieser Zielgruppe wurde aufgrund verschiedener Aspekte ausgewählt. Einerseits haben diese Menschen aufgrund ihres Alters die meiste Erfahrung im Umgang mit der öffentlichen Verwaltung, andererseits sind sie
trotz verschiedener Altersgrenzen bezüglich des Renteneintritts mit 70 Jahren
in die Rente oder die Pension eingetreten. Bei dieser Zielgruppe muss im Regelfall unterstellt werden, dass deren körperliche und geistige Gesundheit
abnimmt, auch wenn es natürlich immer mehr Ausnahmen gibt.

Die Gruppe der 70-jährigen hatte in ihrer Jugend und während des Erwach-
senwerdens keinen Zugang zum Internet. Sie musste deshalb andere Wege der
Informationsbeschaffung nutzen. Die Einführung des Internets kam für die
Gruppe zu einem relativ späten Zeitpunkt ihres Lebens, so dass die Einführung
eine deutliche Veränderung für sie darstellte.

Die 70-jährigen sind mit steigendem Alter nur noch eingeschränkt mobil.
Teilweise muss bereits auf Gehhilfen zurückgegriffen werden oder eine sin-
kende körperliche Fitness erschwert die Nutzung des öffentlichen Nahverkehrs
oder des Fahrrads.

Da diese Altersgruppe im Normalfall bereits aus dem Arbeitsleben ausge-
schieden ist, sollten die unterschiedlichen Öffnungszeiten der Behörden für sie
kein zeitliches Hindernis darstellen. Vielmehr könnte es sogar sein, dass für
Teile dieser Zielgruppe der Behördengang eine willkommene Abwechslung
mit Kommunikationsmöglichkeit bietet.

Der Bedarf von Amtsleistungen dieser Gruppe sollte eher gering sein. Das
eigene Haus ist gebaut und die Selbstständigkeit ist im Regelfall beendet.

Die Gruppe der 70-jährigen ist an persönlichen Beratungsgesprächen, den
traditionellen Schriftverkehr oder kurzen Telefonaten gewöhnt. Aufgrund des
voranschreitenden Alters liegt es durchaus nahe, dass die Gruppe wenige oder
gar keine IT-Kenntnisse besitzt. Folglich muss angenommen werden, dass sie
nicht die notwendigen technischen Geräte besitzt und ihr somit der Zugang
zum Internet verwehrt bleibt.

Dennoch kann ein Teil dieser Gruppe von der Digitalisierung profitieren, denn die IT-interessierten Seniorinnen und Senioren haben durch den intensiven Kontakt mit ihren Nachkommen IT-Kenntnisse erwerben können und sind dementsprechend offen dafür, die Webseiten der Behörden zu nutzen. Bei dieser – möglicherweise eher geringen – Gruppe gilt es, auf die Umsetzung der Barrierefreiheit von Webseiten zu achten (damit Sehbehinderte die Seiten nutzen können).

Konsequenzen für die Alterskategorien

Konsequenzen für die 20-jährigen

Hinsichtlich der Nutzung des Internets und damit auch der Nutzung von technischen Kommunikationsmitteln lässt sich feststellen, dass die 20-jährigen „Spitzenreiter" sind. Sie verwenden das Internet am häufigsten. Für sie stellt es keine Herausforderung dar, sich mit dem Internet auseinanderzusetzen. Sie lernen in einer enormen Geschwindigkeit, mit nahezu jeglichem Medium, Webseiten und Apps umzugehen. Daher stellt eine voranschreitende Digitalisierung der öffentlichen Verwaltung für diese Altersgruppe eine Erleichterung oder Vereinfachung dar. Aufgrund der Vielzahl technischer Geräte ist es ihr gegenwärtig bereits möglich, zu jeder Tages- und Nachtzeit und von jedem Ort aus elektronische Behördengänge zu erledigen.

Für diese Gruppe bildet eine stetig wachsende Digitalisierung der Behörden die beste Voraussetzung für eine gute Zusammenarbeit mit Behörden. Sofern die öffentliche Verwaltung den technischen Standard halten kann und den Schritt zur vollständigen Digitalisierung konsequent vollzieht, kann die Gruppe der 20-jährigen frühzeitig an den digitalen Umgang mit den Behörden gewöhnt werden. So wird er vielleicht sogar spielerisch in ihren Alltag integriert. Das sollte zum Aufbau eines positiven Images der öffentlichen Verwaltung beitragen können.

Konsequenzen für die 50-jährigen

Durch die im Normalfall geregelten Arbeitszeiten der 50-jährigen sollte diese Gruppe Interesse am digitalen Behördengang haben, zumal sie ihre freie Zeit „opfern" müsste, um die Behörden während der Öffnungszeiten aufzusuchen. Da es besonders in dieser Altersgruppe viele verschiedene Gründe für Behördengänge gibt, kann sich für sie ein interessantes Potenzial für die fortschreitende Digitalisierung ergeben.

Der Beruf zwingt die Gruppe im Regelfall dazu, mit Computern oder Laptops zu arbeiten und sich dem Wandel der Zeit anzupassen. Durch diesen alltäglichen Umgang mit den technischen Kommunikationsmitteln wird dessen Handhabe immer mehr zur Gewohnheit, so dass sie auch im Privatleben ausgeführt wird. Aufgrund dieses gewohnten Umgangs sollte es für die Gruppe eine Erleichterung sein, Behördengänge digital zu absolvieren. Sie wäre nicht mehr an die Öffnungszeiten gebunden und könnte eine deutliche Zeit- und Aufwandsersparnis für sich gewinnen.

Trotzdem sollte der Gruppe das persönliche und telefonische Gespräch weiterhin offenstehen, so dass Formulare – auch mit Hilfestellung von Sachbearbeitern – gemeinsam ausgefüllt werden können. Missverständnisse und Probleme entwickeln sich bei persönlichen oder telefonischen Gesprächen möglicherweise nicht so oft und wenn sie doch entstehen, können sie mündlich schneller gelöst werden. Durch diese aktive Hilfe kann die Frustration der Bürger auch bei komplizierten Vorgängen verringert werden.

<u>Konsequenzen für die 70-jährigen</u>

Diese Gruppe kann die Öffnungszeiten der Behörden besser wahrnehmen als andere Vergleichsgruppen, da sie in ihrer Zeiteinteilung nicht an einen Arbeitgeber gebunden ist.

Aufgrund der anfänglichen Skepsis gegenüber dem Internet und den damit verbundenen Neuerungen beschäftigte sich die Mehrheit dieser Gruppe nicht oder nur in einem sehr eingeschränkten Rahmen mit dem Internet. Ähnlich wie bei den 50-jährigen sind das persönliche und das telefonische Gespräch von dieser Personengruppe gewünscht.

Ein Teil der 70-jährigen hat sich dennoch mit der Internetnutzung beschäftigt, sei es bezüglich einer ehrenamtlichen Tätigkeit, in ihrem früheren Beruf oder privat. Demzufolge sind sie an den E-Mail-Verkehr gewöhnt und sind der voranschreitenden Digitalisierung nicht abgeneigt. Daraus lässt sich ableiten, dass sie die digitalen Angebote der Behörden wahrnehmen können. Besonders vorteilhaft ist das Internet für diese Gruppe, wenn sie nur noch eingeschränkt mobil ist und trotzdem alle wichtigen behördlichen Angelegenheiten von Zuhause aus erledigen kann.

Ein Vorteil könnte sich für die skeptischen 70-jährigen ergeben, wenn sie ihre Angehörigen mit den Behördengängen beauftragen bzw. sich von diesen die digitalen Formulare ausfüllen lassen. Immerhin sollten ihre Kinder bzw. Enkel mit dem Internet vertraut und in der Lage sein, ihnen zu helfen. Je nach geistiger Verfassung der Gruppe der 70-jährigen ist eventuell ein anderes Mitglied der Familie mit einer Vollmacht für die Durchführung des digitalen Behördengangs ausgestattet. Bei Pflegebedürftigkeit werden vermehrt Sozialleistungen benötigt und so Anträge und Behördengänge anfallen. Hier ist der bzw. die Gepflegte vermutlich nicht in der geistigen Verfassung, den Behördengang selbst zu erledigen oder in Auftrag zu geben.

Die Digitalisierung bedeutet für diese Personengruppe selbst keine Erleichterung oder Vereinfachung, sondern für die in ihrem Auftrag Handelnden.

Umsetzungsbeispiele

Im Folgenden werden Beispiele aufgezeigt, die im gängigen Alltag der Bürger bereits zu ersten Umsetzungen der Digitalisierung geführt haben. Die Serviceverbesserung durch die Digitalisierung lässt erkennen, dass Vorteile für beide Seiten entstehen können.

Elektronischer Personalausweis

Das Bundesministerium des Inneren beabsichtigt mit der Einführung des neuen elektronischen Personalausweises, die Bürger anzusprechen. Das Dokument soll sich durch Einfachheit auszeichnen und Bürgern Fahrtkosten und Wartezeiten verringern. Er soll die Möglichkeit bieten, Geschäfts- und Behördengänge sicher und komfortabel im Internet vorzunehmen. Die dazu notwendige Online-Ausweisfunktion ist kostenlos und bereits beim Erwerb des Dokuments eingeschaltet.

Der Personalausweis ist mit einem Chip ausgestattet und wird in einem durchaus handlichen Scheckkartenformat ausgehändigt. Er ist außerdem dafür vorgesehen, digitale Unterschriften für Online-Verträge oder Anträge rechtsverbindlich zu leisten. Ein Lichtbild wird ebenso gespeichert wie Fingerabdrücke des Inhabers, um für mehr Sicherheit bei Personenkontrollen sorgen zu können.

KatWarn

KatWarn ist ein passgenauer Informationsdienst, der als Frühwarnsystem agieren soll. Bürger, die diesen Dienst abonniert haben, erhalten bei Unwetter oder in Unglücksfällen wie Großbränden Benachrichtigungen auf ihr mobiles Endgerät. Diese sind mit den Katastrophenschutzbehörden ortsgenau abgestimmt. Der Landkreis Darmstadt-Dieburg hat im November 2012 das Warn- und Informationssystem KatWarn in Betrieb genommen. Die Bevölkerung soll damit schnellstmöglich über Gefahrenlagen informiert und über Sofortmaßnahmen aufgeklärt werden. KatWarn ergänzt damit die vorhandenen Alarmierungseinrichtungen, die Informationen über Rundfunk und Fernsehen sowie die Lautsprecherdurchsagen.

Anhörungsverfahren bei Bußgeld

Die Zentrale Bußgeldstelle beim Regierungspräsidium Kassel hat das Anhörungsverfahren gemäß § 28 HVwVfG bei Ordnungswidrigkeiten online auf seiner Webseite eingestellt. Dies stellt für die betroffenen Verkehrsteilnehmer eine Arbeitserleichterung dar, so dass der gesamte Ablaufprozess des Verfahrens schneller abgeschlossen werden kann. Durch die Maßnahme entfallen das Ausdrucken und der Postversand des Dokuments. Dies erspart den Betroffenen die Portogebühren. Eine Zeitersparnis ergibt sich ebenfalls, da mündliche Gespräche in der Behörde entfallen.

Ausfüllhilfen

Zu den meisten digitalen Formularen stellen viele Behörden Ausfüllhilfen bereit, um Unklarheiten im Formular für Bürger zu reduzieren. Die Ausfüllhilfen stellen quasi einen Beistand für die Bürger dar und können damit teilweise auch an die Stelle des telefonischen oder persönlichen Gesprächs mit Sachbearbeitern treten.

Anmerkung zum gegenwärtigen Stand und Ausblick

Der gegenwärtige Stand lässt es noch nicht sinnvoll erscheinen, den Bürgerkontakt der öffentlichen Verwaltung vollständig zu digitalisieren. Um zu gewährleisten, dass alle Altersgruppen vom Angebot der öffentlichen Verwaltung angesprochen werden, muss die öffentliche Verwaltung auch weiterhin eine persönliche Betreuung in der Behörde gewährleisten, statt sich komplett auf den Internetauftritt der Behörde zu verlassen.

Der Internetauftritt und die digitalen Verwaltungsverfahren sollten allerdings weiter ausgebaut und entsprechend verbessert werden. Die öffentliche Verwaltung sollte also auch weiterhin „zweigleisig fahren", um zumindest den bisherigen Digitalisierungsstandard und die persönliche Serviceleistung zu halten.

Die Kommunikation basiert schon vielfach auf E-Mail-Verkehr. Trotzdem bleibt der Briefverkehr oder der Behördengang von behördlicher Seite aus unumgänglich. Allein aus rechtlichen Gründen muss die Zustellung bei manchen Verwaltungstätigkeiten – beispielsweise durch eine Postzustellungsurkunde – erfolgen. Verschiedene Dezernate benötigen in einigen Fällen Originalunterschriften des Antragstellers.

Der natürliche Alterungsprozess und damit einhergehend die eingeschränkte Mobilität der Seniorinnen und Senioren führen dazu, dass die öffentliche Verwaltung mobiler werden muss. Dafür gibt es vielfältige Modelle, die in ländlichen Gegenden große Wirkung haben. Ein beispielhafter Anwendungsfall hierfür ist der Einsatz eines mobilen Bürgerkoffers, der speziell im ländlichen Raum eine serviceorientierte Alternative zum Bürgerbüro ist. Er beinhaltet Laptop, Drucker, EC-Kartenlesegerät, Unterschriften-Pad und vieles mehr. Die Dienstleistungen, die so in einem stationären Bürgerbüro angeboten werden, sind nun auch mobil und entsprechend überall möglich.

Weiterhin ist die Barrierefreiheit zu bedenken. Barrierefreiheit ist nicht nur mit baulichen Aspekten verbunden, sondern auch mit einem Internetauftritt. Eine barrierefreie Webseite ist nicht nur für Besucher mit Einschränkungen eine Notwendigkeit, sondern für alle Beteiligten. Elementar sind Verständlichkeit, Wahrnehmbarkeit, Bedienbarkeit, Orientierung, nachhaltiger Nutzen, Integration und Design.

Bei der Erstellung einer Webseite für den öffentlichen Dienst muss stets überlegt werden, welche Zielgruppen zu den Nutzern gehören könnten. Die Gesellschaft wird immer heterogener und damit reichen die Zielgruppen von jungen „Internetprofis" über Seniorinnen und Senioren mit Sehschwächen und Migranten mit geringen Deutschkenntnissen bis hin zu Menschen mit starken kognitiven Einschränkungen.

In Zukunft wird die Digitalisierung immer weiter voranschreiten, bis jede Generation den digitalen Umgang von vornherein beherrscht und ihn auch mit einer gewissen Gewohnheit vollzieht. Ab diesem Zeitpunkt wäre eine beinahe vollständige Digitalisierung der öffentlichen Verwaltung zu verwirklichen, insbesondere, wenn es leistungsfähigere Speichersysteme gibt, die alle Informationen sicher abspeichern und vor allem die persönlichen Daten der Bürger vor Hackern schützen.

Wer dann einer digital leistungsfähigen Verwaltung gegenüber bürokratisches Verhalten vorwirft, muss sich die Frage gefallen lassen, ob er nicht vielleicht dem Thomas Theorem unterlegen ist und sich nur von Vorurteilen leiten lässt. Genauso sollte die gut aufgestellte öffentliche Verwaltung „ihr Licht nicht unter den Scheffel stellen". Wer digital gut aufgestellt ist, darf sich durchaus auch als modern ansehen, sofern entsprechende Rücksicht auf die verschiedenen Zielgruppen genommen wird.

Kontinuierlicher Verbesserungsprozess

(angelehnt am Ergebnis von Gruppe 6)

Die Anfänge

Im Gegensatz zur öffentlichen Verwaltung hat sich in der Industrie eine Leitkultur der permanenten oder zumindest stetig stufenweisen Verbesserung etabliert. Ausgangspunkt waren namenhafte Hersteller der japanischen Automobilbranche, die in den 70er Jahren des vorigen Jahrhunderts eine organisatorische Betroffenheit für Verbesserungen schafften.

Diese Kultur haben die Arbeitgeber einerseits durch die in Japan vorherrschende Mentalität des „Dienens" von den arbeitenden Menschen abschöpfen können und andererseits durch die Einführung betrieblicher Vorschlagswesen Ideen für eine sich selbst weiterentwickelnde Organisationskultur zugelassen. In der Folge war es ihnen möglich, ihre Produktion einerseits von Fehlern zu befreien und andererseits zu verschlanken.

Die Ausrichtung der Beschäftigten darauf, stolz auf die eigenen Leistungen zu sein, hat dazu geführt, freiwillig in der Produktion festgestellte Fehler zu benennen und sich als Einzelmitglied in der Organisation für die Gesamtheit des Produktionsprozesses verantwortlich zu fühlen. Diese Verantwortung hat sich fortgesetzt, indem die Mitarbeiter der Organisation nicht nur die interne Sichtweise eines „Kontrolleurs" für sich und andere übernommen haben, sondern auch versucht haben, sich in die Sichtweise der Kunden hineinzudenken. In Summe hat dies zur Erhöhung der Produktqualität und damit gleichzeitig zur Erhöhung der Kundenzufriedenheit geführt.

Seit diesen 70er Jahren wird stetig versucht, die positiven Effekte dieser Organisationskultur auch außerhalb von Japan zu erreichen, wobei auch der öffentliche Dienst sich dem – mit einiger Verzögerung – nicht verschließen wollte. Das Deutsche Institut für Betriebswirtschaftslehre (dib) hat sich der Thematik „Betriebliches Vorschlagswesen" gewidmet und in einer Untersuchung im Jahre 2012 bei 145 befragten Unternehmen (in Summe ca. 1,6 Millionen Beschäftigte) erhoben, dass dadurch ein Gesamtnutzen von 1,15 Milliarden Euro erzielt worden sei.

Dem kommt das betriebliche Vorschlagswesen der öffentlichen Verwaltung wohl noch nicht besonders nahe. Insoweit ist fraglich, ob es sich hierbei überhaupt um eine geeignete Managementmethode für die öffentliche Verwaltung handeln könnte, die einen Beitrag zur Steigerung der Servicequalität und Kundenzufriedenheit auch im öffentlichen Dienst darstellt. Wäre dem nicht so, müsste man sich fragen, ob der öffentliche Dienst womöglich zu „bürokratisch" für solcher Art Ansätze organisiert ist.

Standortbestimmung

Während es in schon vielen anderen Jahrhunderten einschneidende Veränderungen für die jeweiligen Gesellschaften gegeben hatte, scheint gerade das 21. Jahrhundert eine besondere Umwälzung bereitzuhalten. Wir sehen uns neuen technischen Herausforderungen wie der „Elektronisierung" des Menschen gegenüber. Der Internetspezialist und Sicherheitsexperte Kaspersky glaubt, dass künftig Menschen mit eingebauten Chips arbeiten und dadurch viele Aktivitäten der Identifizierung und Authentifizierung entfallen werden.

Zwar haben sich die Menschen im 20. Jahrhundert im Gegensatz zu denen des 19. Jahrhunderts daran gewöhnt, mit elektronischen Werkzeugen und dem Internet zu arbeiten, die sie mit einer Tastatur, einem Stift oder einer Maus bedienen. Dass sie aber selbst künftig ein biologisches Eingabemedium sein sollen, ist doch noch immer recht revolutionär.

Aber selbst, wenn man noch nicht soweit gehen wollte: Die vorhandene und fortschreitende Globalisierung mit dem zunehmenden Wettbewerb der Unternehmen sorgt dafür, dass man sich ständig anpassen muss, wenn man am Markt bestehen will. Um den Anforderungen der Kunden gerecht werden zu können, müssen Anpassungs- und Veränderungsprozesse aufgesetzt werden. Sie müssen den rasanten technischen Wandel und die Furcht vor dessen Auswirkungen an die arbeitenden Menschen heranführen und deren Akzeptanz ermöglichen.

Die Industrie hat sich dem bereits gestellt, indem sie diese Auswirkungen als vierte industrielle Revolution bezeichnet und diesen Sachverhalt auf die Kurzformel „Industrie 4.0" bringt. Durch eine solche Kurzformel lässt sich mit einem einzigen Stichwort die Komplexität bedeutender Umwälzungsprozesse, wie z.B. der Vernetzung intelligenter Fertigungsanlagen, quasi „auf den Punkt bringen".

Solcher Art Fertigungsanlagen sollen die individuellen Wünsche der Kunden berücksichtigen und gleichzeitig eine Massenproduktion ermöglichen („Mass Customization" bzw. „Kundenindividuelle Massenproduktion").

Die öffentliche Verwaltung hat sich dem bislang in einer solchen Kurzform noch nicht gestellt. Sie hält noch immer an den bereits tradierten Konzepten, wie z.B. in Hessen an der Neuen Verwaltungssteuerung, fest, ohne allerdings zu definieren, was denn das „Neue" an dieser Form der Verwaltungssteuerung darstellt. Ausgangspunkt dieses Modells war das Tilburger Modell der 80er Jahre des letzten Jahrhunderts. Die niederländische Stadt Tilburg hatte seinerzeit beschlossen, ihre Verwaltung neu aufzustellen. Sie wollte sich von alten Strukturen lösen und sich stattdessen zu solchen der Wirtschaft hinzuwenden.

Das Tilburger Modell war Vorbild für eine Vielzahl Verwaltungsmodernisierungen, u.a. in Deutschland. Im Ergebnis konnte eine verbesserte Strukturierung und damit Übersichtlichkeit der öffentlichen Haushaltsmittel vorgenommen werden, damit Entscheidungsträger zu besseren Erkenntnissen und letztlich „richtigeren" Entscheidungen kommen.

Eine der Problemstellungen dieses Modells bestand aber bereits darin, dass sich die Personalmanagementstrukturen in Holland von denen in Deutschland gravierend unterschieden (keine Beamte auf Lebenszeit versus Beamte auf Lebenszeit). Die Schwächen des Modells wurden versucht auszugleichen, indem eine ständige Orientierung an Neuerungen der Wirtschaft erfolgte. Neue Ansätze sollten entweder anlassunabhängig übernommen oder konkrete Umorganisationen in Bezug auf eine Verbesserung – zusammen mit externen Beratern – angegangen werden.

Diese Vorgehensweise führte allerdings tendenziell und vielleicht sogar zwangsläufig dazu, dass sich das Personal des öffentlichen Dienstes eher in der Position des „Schwachen" fühlte, der durch Berater der Wirtschaft „verbessert" werden muss. Bereits der Umstand, nicht selbst zur Wirtschaft zu gehören, ließ so manches Mal die Sichtweise aufkommen: „Die öffentliche Verwaltung ist bürokratisch!" bzw. „Das würde die Wirtschaft nie so machen!". Ohne dem im Detail immer nachzugehen wurde angemerkt: „Wenn man das als Unternehmen so machen würde, wäre man schnell weg vom Markt!".

Insoweit stellt sich die Frage, wie die öffentliche Verwaltung zu eigenen Verbesserungsprozessen kommen kann, ohne dass sie durch externe Berater „fremd" vorgegeben werden. Immerhin sind auch in der Wirtschaft die betrieblichen Verbesserungsprozesse darauf ausgerichtet, zunächst autonom im Betrieb eingesetzt werden zu können. Dabei wird davon ausgegangen, dass es möglich ist, sein Personal für die Verbesserungsansätze zu gewinnen und zum eigenständigen Überlegen zu bewegen.

Soll dies in der öffentlichen Verwaltung umgesetzt werden, wird auch sie ein gewisses Maß an Eigenständigkeit verinnerlicht haben müssen, ohne ständig extern beraten zu werden. Anstatt ausschließlich von Externen beraten zu werden, sollte die öffentliche Verwaltung viel eher internes Personal mit einer entsprechenden Ausbildung und langjähriger Erfahrung an wichtigen Stellen, z.B. im jeweiligen Ministerium oder bei der Verwaltungsspitze, „platzieren" und sich von diesem Personal beraten lassen.

Ausgehend von dem Ansatz dieses Buches, dass Bürokratie „im Kopf entsteht", sollte es möglich sein, einen signifikanten Unterschied in der Denkweise zwischen dem Personal von Unternehmen und dem des öffentlichen Dienstes erkennen zu können. Dabei ist allerdings zu beachten, dass sich diese „bürokratische" oder „unbürokratische" Denkweise außerhalb der jeweiligen Arbeitswelt wohl kaum „abschalten" lässt. Insoweit sollten sich Menschen prinzipiell während der Arbeit ähnlich verhalten wie in ihrer Freizeit. Wer also im Arbeitsleben bereit ist, sich mit Verbesserungsvorschlägen einzubringen, sollte dem bei der Freizeitbeschäftigung genauso nachgehen.

Würde man vom vielfach geäußerten Vorurteil ausgehen, dass Bedienstete des öffentlichen Dienstes „träge" und „unkreativ" sind, dürfte es im Privatleben – beispielsweise in der Vereinsarbeit – keine Bediensteten des öffentlichen Dienstes geben, die sich engagieren. Dass dem nicht so ist, sondern im Grunde eher eine ausgewogene Mischung der aktiven „unternehmerischen" und „öffentlichen" Vereinsmitglieder festzustellen ist, spricht bereits gegen diese Annahme bzw. gegen solcher Art Stereotype.

Das führt zu der Frage, ob es dem Personal des öffentlichen Dienstes während der Arbeitszeit überhaupt möglich ist, sich so wie ihre „unternehmerischen Kollegen" mit Verbesserungen einzubringen.

Qualitätsmanagement und Kaizen

Die Beschäftigung mit dem Thema Verbesserung ist zwangsläufig mit der Thematik Qualität und diese wiederum mit Qualitätsmanagement verbunden. Mit Qualität ist die „Beschaffenheit, Eigenschaft, Güte" eines Sachverhalts gemeint. Mit Qualitätsmanagement sind alle planerischen Ansätze und Methoden gemeint, die darauf abzielen, den als Qualität bezeichneten Zustand herzustellen bzw. dessen Vorhandensein dauerhaft sicherzustellen.

Die Beurteilung von Qualität folgt keiner festen Vorstellung bzw. Vorgabe, sondern sie ist letztlich ein Bewertungsergebnis durch diejenigen, die den Sachverhalt im geforderten Zustand entgegennehmen wollen. In den überwiegenden Fällen kommt es dabei nicht auf diese Merkmale alleine an, sondern sie werden im Kontext zu anderen Merkmalen gesehen. Ist es beispielsweise erforderlich, eine qualitativ hochwertige Dienstleistung zu erbringen, muss das Personal dafür qualifiziert und persönlich bereit sein, diese Qualität in der geforderten Zeit und der geforderten Güte erbringen zu wollen.

Wird dem Personal diese Zeit nicht zur Verfügung gestellt, weil die Leistung in viel kürzerer Zeit erbracht werden muss, kann nicht erwartet werden, dass die geforderte Güte entsteht. Dieser Aspekt ist vor allem für Unternehmen relevant, wenn sie vom Ansatz „Zeit ist Geld!" ausgehen. Erfüllen sie dabei nicht die Anforderungen ihrer Kunden, kann sich der Ansatz „Zeit ist Geld!" als Bumerang erweisen, weil sie zumindest ein „Minimum" an Zeit und Geld in die Erstellung investiert haben, ihre Kunden aber unzufrieden werden und sich von Ihnen abwenden. Damit hätte sich dann selbst dieses Minimum „nicht gerechnet".

Allerdings ist auch der öffentliche Dienst davon betroffen. Folgt er den „Lehren" der Wirtschaft und geht ebenfalls vom Ansatz „Zeit ist Geld!" aus, wird er in die gleiche Problemstellung einsteigen, wie die vorgenannten Unternehmen. Zwar werden sich ihre Kunden – die Bürger – nicht unmittelbar an eine andere Stelle wenden, wie dies bei Unternehmen möglich sein sollte. Aber die Bürger werden Druck auf die politisch Verantwortlichen ausüben und sie zur Verbesserung ihrer öffentlichen Verwaltung anhalten.

Insoweit sollte es sowohl im Interesse der Unternehmen als auch der öffentlichen Verwaltung sein, so viel Zeit aufzuwenden, wie es die jeweilige Aufgabenstellung erfordert, um die Anforderungen ihrer Kunden zu erfüllen. Die Einführung eines betrieblichen Verbesserungskonzepts kann hierbei sinnvoll sein.

Als Philosophie zur Umsetzung bietet sich der Ansatz Kaizen an. Er stammt aus Japan und bedeutet übersetzt „kontinuierliche Verbesserung (kai) zum Guten (zen)". Die Idee des Kaizens ist es, sich nicht mit dem aktuellen Wissensstand bzw. dem festgestellten Status quo eines Zustands zufrieden zu geben. Die Mitglieder der Organisation, die sich dem Kaizen zugewandt haben, sollen ständig – und damit letztlich jeden Tag und überall – ihre Arbeitsumgebung kritisch betrachten und nach Verbesserungen „Ausschau halten".

Die Besonderheit dieses Ansatzes besteht darin, die Sicherstellung der definierten Qualität auf alle Bediensteten zu übertragen, weil diese „über mehr Augen verfügen" als eine speziell dafür aufgestellte Organisationseinheit mit Kontrollfunktion. Solche separaten Organisationseinheiten muss es auch geben, und ihnen wird zugestanden, dass sie von außen auf die Sachverhalte schauend ein höheres Maß an Neutralität zu potenziellem Änderungsbedarf einbringen können. Aber ihnen wird auch „vorgeworfen", dass sie eine größere Sachferne mitbringen und damit die Qualität nur von einer „Papierlage" aus beurteilen.

In dieser Konstellation wird Kaizen nicht als ein „entweder–oder" gesehen, also dem Ersetzen der Arbeit der speziellen Organisationseinheiten durch die Wahrnehmung des eigenen Personals, sondern vielmehr um eine Kombination zu einem „sowohl–als–auch". Die Wahrnehmungen durch das eigene Personal soll mit der Bereitschaft kombiniert werden, diese Wahrnehmungen der Organisation auch kundzutun. So ließe sich die gesamte Arbeit der Organisationen zu einer gesamtheitlichen Qualitätssicherung zusammenfassen.

Im Idealfall soll sich beim Personal der Leitsatz einprägen: „Wenn ich die Verbesserung nicht finde, dann meine Kollegen oder die spezielle Organisation der Qualitätssicherung. Einer von uns wird das Potenzial auf jeden Fall finden und dadurch haben wir alle etwas davon!". Die Schwierigkeit in der Umsetzung dieses Ansatzes besteht allerdings darin, dass eine darauf zielende Organisationskultur etabliert sein muss, bei der die Meldung von Verbesserungspotenzial tatsächlich auch gewollt ist und gefördert wird.

In der betrieblichen Realität finden sich aktuell neben Kaizen ähnliche Konzepte, die auch auf eine stetige Verbesserung ausgerichtet sind. So sind im deutschen bzw. englischen Sprachgebrauch die Konzepte „Kontinuierlicher Verbesserungsprozess" (KVP) und „continuous improvement process" (cip) bekannt. Sie werden häufig mit Kaizen gleichgesetzt. Daneben wurden weitere Begriffe wie „Betriebliche Vorschlagswesen" (BVW) und „Betriebliches Ideenmanagement" etabliert.

Der ursprünglichen japanischen Philosophie folgend, ist allen Konzepten gleich, dass eine Verbesserung nicht in großen Schritten bzw. als groß angelegte Projekte erfolgen, sondern durch kleine kontinuierliche Schritte. So soll eine Veränderung auch ohne große technologische Veränderungen ermöglicht werden, die immerhin erfahrungsgemäß mit hohen Investitionskosten und unvorhersehbaren Risiken verbunden sind.

Um die Vorteile der gelungenen Veränderungsvorschläge mit dem Personal zu teilen, sollen diese als Gegenleistung mit einer finanziellen Anerkennung in Form einer Prämie belohnt werden. Damit soll deren Einsatz gewürdigt werden. Gleichzeitig ist gewollt, dass mit der Würdigung eine Anregung für weitere Vorschläge durch die Belegschaft entsteht.

Damit Kaizen erfolgreich sein kann,

- müssen konkrete Vorschläge gemacht werden, die zu einer konkreten Verbesserung führen,

- muss die Belegschaft bereit sein, eigene Vorschläge selbst zu machen und die Vorschläge anderer Bediensteter zu akzeptieren,

- müssen die Organisation und ihre führenden Vertreter (Führungskräfte) eine Konzeption aufsetzen, die Vertrauen schafft in die Objektivität der Bewertung eingehender Vorschläge.

Werden diese Voraussetzungen nicht erfüllt, könnte das Instrument Kaizen als Willkür empfunden werden, so dass letztlich das Gegenteil der eigentlichen Zielvorstellung erreicht wird:

- Verbesserungsansätze werden verschwiegen, weil sich deren Nennung nicht lohnt oder sogar zu Nachteilen führt (nach dem Motto:

„Wir wollen keine Fehler im System finden, weil wir von der Fehlerfreiheit unseres Systems überzeugt sind!").

- Das Ausschütten einer Prämie führt zur Missgunststimmung, so dass sich die vermeintlich „Unterlegenen" (oder sogar auch die, die sich erst gar nicht melden) zurückgesetzt fühlen und deshalb ihre Arbeitsleistung senken (z.B. durch „Dienst nach Vorschrift").

- Die „Erfolgreichen" fühlen sich in der Gruppe nicht mehr wohl, weil sie etwas erhalten haben, über das sich die anderen Bediensteten nicht freuen. Das dabei entstehende „schlechte Gewissen" lässt sie das nächste Mal eine Verbesserungsmöglichkeit bewusst „übersehen".

Bei Kaizen steht der Mensch im Mittelpunkt. Das gesamte Personal – vom gering Entlohnten bis zum Manager – muss sowohl selbst als auch in der Gruppe bzw. als Gesamtheit gemeinsam die Konzeption akzeptieren. Es muss die Konzeption für sich als Vorteil empfinden oder zumindest den Vorteil anderer nicht als eigenen Nachteil sehen.

Kaizen ist damit keine bloße Managementtechnik, sondern eine Geisteshaltung, die auf eine kontinuierliche Verbesserung – u.a. der Qualität – angelegt ist. Sie muss gelebt werden, um erfolgreich sein zu können.

Unternehmen versus öffentliche Verwaltung

Die Unternehmen orientieren sich am Markt. Deren Ansatz zur Beurteilung des Verhältnisses von Qualität und Preis wird über die Nachfrage ihrer Kunden beeinflusst. Zentrales Ziel der Unternehmen ist die Gewinnmaximierung. Unternehmen legen ihre Leistungsvielfalt danach aus, über den Verkauf der eigenen Leistung den größtmöglichen Gewinn zu erzielen. In ihrem unternehmerischen Vorgehen sind sie weitgehend frei. Dies ermöglicht es ihnen, flexibel und kreativ auf die aktuelle Marktlage zu reagieren und sich Änderungsbedarfen gegenüber anzupassen.

Die Kunden stehen im Zentrum des unternehmerischen Handelns. Durch ihre weitgehende Wahlfreiheit am Markt können die Kunden selbst darüber entscheiden, bei welchem Unternehmen sie den Kauf vornehmen. Durch ihr Kaufverhalten nehmen sie Einfluss auf die Ausrichtung des jeweiligen Unternehmens.

Die öffentliche Verwaltung verfolgt grundsätzlich andere Ziele als die Unternehmen. Im Wesentlichen steht dabei die öffentliche Daseinsvorsorge zum Wohl der Allgemeinheit im Vordergrund. Weiterhin sind die Aufgaben, die die öffentliche Verwaltung zu erfüllen hat, häufig gesetzlich vorgeschrieben. Kunden der öffentlichen Verwaltung sind die Bürger.

Sie geben die Ausrichtung der öffentlichen Verwaltung vor. Zwar ergibt sich durch die monopolistische Stellung des Staates für den Bürger bislang fast keine Möglichkeit, zwischen den Leistungen einer Kommune zu wählen oder sogar darauf zu verzichten. Dennoch nimmt er eine wichtige Rolle für die öffentliche Verwaltung ein.

Bürger treten als Kunden der öffentlichen Verwaltung in vielfältigen Rollen in Erscheinung. Einerseits nehmen sie „echte Dienstleistungen" der öffentlichen Verwaltung in Anspruch, wie z.B. die Beantragung einer Baugenehmigung, die Verlängerung eines Reisepasses oder die Teilnahme an Kulturveranstaltungen. Hier legen die Bürger Wert auf Servicequalität. Andererseits nehmen Bürger die Rolle des politischen Auftraggebers ein.

Potential von Kaizen für die öffentliche Verwaltung

Analog der Unternehmen könnte es auch der öffentlichen Verwaltung gelingen, eine stufenweise Qualitätsverbesserung durch Vorschläge des eigenen Personals zu etablieren.

Für Verbesserungen in kleinen Schritten ließen sich folgende Themenfelder betrachten:

- **Technologie**

  Es erscheint naheliegend, die vielfältigen Möglichkeiten der modernen Informationstechnologie zu nutzen. Zu betrachten wäre die Ausgestaltung der Behörden-Webseiten mit der Möglichkeit, Anträge und Formulare über das Internet ausfüllen zu können. Zur Unterstützung der Bürger könnten Helpdesks oder Video-Tutorials erstellt werden.

  Weiterhin ließen sich durch den vermehrten Einsatz von E-Mail oder Hybrid-Briefen große Mengen an Portogebühren einsparen. Gleiches gilt für die elektronische Bereitstellung von Sitzungsunterlagen für die politischen Mandatsträger.

- **Serviceorientierung**

  Zur Serviceorientierung zählt u.a. die Verbesserung der Wartezeiten. Öffentliche Verwaltungen könnten durch eine ansprechende Gestaltung der Warteräume – in Form von Wartezeitanzeigen, Wasserspendern oder Kinderecken – dazu beitragen, das Warten in Ämtern angenehmer zu gestalten. Ebenso könnten elektronische Statusmitteilungen – ähnlich eines Paket-Trackings – den Bürger über seinen Bearbeitungsstatus informieren. Solcher Art Ansätze bestehen bereits im Bürgerbüro Wiesbaden, das eine Meldung erzeugt, wenn der beantragte Ausweis fertiggestellt wurde.

  Veränderte Öffnungs- und Geschäftszeiten, flexible Arbeitszeitmodelle und vorherige Terminvereinbarungen können ebenso wie ein sauberes und geordnetes Arbeitsumfeld zu einer Verbesserung beitragen.

- **Wirtschaftlichkeit**

  Das Thema Wirtschaftlichkeit ist mit effizienter und effektiver Arbeit verbunden. Durch die Reduktion von Fehlzeiten und Fluktuationsquoten kann die öffentliche Verwaltung ihr Personal gezielter einsetzen. Die Reduzierung von Post- und Wegzeiten, Suchzeiten oder die Erledigung doppelter Arbeiten ist ein Ansatzpunkt zur Verbesserung. Geeignete Methoden hierzu liefern elektronische Workflow- und Prozessanalyseprogramme, mit denen Verwaltungsabläufe analysiert, verglichen und ausgetauscht werden können.

- **Umwelt**

  Der Einsatz von LED-Lampen, Bewegungssensoren, Zeitschaltuhren oder Energiesparmodi lassen Veränderungspotenzial erwarten. Dazu sind Messmethoden zu etablieren, die zu einer Verbesserung der Infrastruktur führen können. Andere Positiveffekte, wie z.B. ein verbessertes Betriebsklima, Stressabbau, stärkere Eigenverantwortung, Prozessbewusstsein oder persönliche Kontakte, lassen sich hingegen nicht oder nur sehr schwer messen.

Das Beispiel der nordrhein-westfälischen Stadt Rhede (ca. 20.000 Einwohner) zeigt, dass es bereits erste Verwaltungen in Deutschland gibt, die ein betriebliches Vorschlagswesen erfolgreich in ihre Organisationsstruktur implementiert haben. So hatte die Stadt Rhede ihr betriebliches Vorschlagswesen bereits im Jahr 2003 eingeführt. Bei dem dortigen Modell werden Vorschläge dezentral, d.h. bei der jeweiligen Führungskraft im Fachbereich, vorgebracht.

Der jeweilige Fachbereichsleiter entscheidet dann über eine etwaige Umsetzung der Idee (Vorgesetztenmodell). Daneben gibt es die Servicestelle „Organisationsberatung und -entwicklung", die unterstützende Tätigkeiten wahrnimmt. Hier werden Fragen beantwortet, das Ideenmanagement koordiniert (inkl. Datenbankpflege für das städtische Intranet) und Probleme bei einer ungerechten Beurteilung einer Lösung zugeführt.

Ideen können Mitarbeiter, Fachbereichsleitungen, der Verwaltungsvorstand und sogar pensionierte Mitarbeiter gleichermaßen einreichen, wobei Vorschläge von mehreren Mitarbeitern oder Teams besonders erwünscht sind. Wurde eine Idee eingereicht, ist im Regelfall innerhalb von 14 Tagen vom Vorgesetzten über die Annahme oder Ablehnung der Idee zu entscheiden. Die Einreichenden sind über die Entscheidung zu informieren bzw. an der Umsetzung zu beteiligen. Um die Einreichung von Ideen anzuregen, erhält jeder Mitarbeiter bzw. jede Mitarbeiterin für das bloße Einreichen ein Anerkennungslos, mit dem einmal jährlich bei einer Verlosung die Chance auf einen Sachpreis besteht.

Darüber hinaus ist es möglich, sofern der Vorschlag angenommen wird, eine Prämie in Höhe von bis zu 25 % des durchschnittlichen jährlichen Netto-Nutzwertes der Idee zu erhalten. Für die Bewertung hilft ein Punkteschema, das Elemente wie den Grad der Verbesserung, die Anwendungsreife und die Neuartigkeit der Idee berücksichtigt. Ebenso wird berücksichtigt, ob die Idee eine Sonderleistung darstellt oder von der regulären Arbeit der Einreichenden erwartet werden kann.

Letzteres gilt insbesondere für Vorschläge von Führungskräften. Hier kann sich die Prämie ggf. prozentual reduzieren. Dazu werden auch noch geringfügige Zusatzprämien für Personal ausgeschüttet, das viele Ideen einreicht.

Fazit

Die Darstellung zeigt, dass es auch der öffentlichen Verwaltung möglich sein kann, eine Kaizen-Philosophie zu etablieren. Viele Methoden, die in den letzten Jahren hauptsächlich durch neue Steuerungsmodelle in den Verwaltungen eingeführt wurden, verfolgen betriebswirtschaftliche Ziele. Sie machen deutlich, dass das Bürokratiemodell einige Konstruktionsfehler hat, um in der Welt von heute, morgen und übermorgen in seiner klassischen Form bestehen zu bleiben.

Der Bürger von heute versteht sich nicht mehr als Untertan, sondern als Kunde und Mitgestalter. Er erwartet von der öffentlichen Verwaltung häufig die gleiche Produkt- und Dienstleistungsqualität, wie er sie von privatwirtschaftlichen Unternehmen kennt. Die öffentliche Verwaltung muss sich deshalb permanent weiterentwickeln. Sie muss beginnen, ihre resignative Einstellung abzulegen und anfangen, Prozessabläufe zu überarbeiten und weiter voranzutreiben.

Gerade im Kontext der aktuellen Schuldendebatte (ca. ein Viertel der hessischen Städte und Gemeinden befindet sich unter dem kommunalen Rettungsschirm, viele Kommunen haben Haushaltsdefizite) sind Kommunen auf alternative Lösungen angewiesen, um ihre Kosten zu reduzieren.

Kaizen kann durch seine einfache und kostengünstige Einführung dazu beitragen, einen Schritt in Richtung eines künftigen Erfolgs zu machen. Mitarbeiterinnen und Mitarbeiter sind Potentialträger. Es lohnt sich daher, an der Basis anzusetzen und die Erfahrung und das Kreativpotential des eigenen Personals zu nutzen. Kaizen ist eine Philosophie, deren Einführung kein bloßer Selbstzweck ist, sondern auch gelebt werden muss. Kleine Schritte führen zum Erfolg. Es dürfen deshalb insbesondere von Seiten der Politik nicht zu schnell zu große Veränderungen erwartet werden.

Undenkbarer Rahmen?

Wahlrecht der Bürger

(angelehnt am Ergebnis von Gruppe 7)

Dieses Kapitel befasst sich mit der vielseitigen Problematik, ob man in der öffentlichen Verwaltung, die sich mittlerweile gerne als Dienstleister bezeichnet, von Bürgern oder Kunden sprechen sollte. Dass es sich dabei nicht nur um ein Problem der heutigen Zeit handelt, zeigt eine Aussage von C. Roßkopf (ehemaliger Oberbürgermeister der Stadt Speyer) in einem Artikel der „Zeit Online" vom 15.09.1995:

> *„Als Bürger hat er {Anm.: der Bürger} eine Würde, die in dem Wort vom Kunden einfach unterschlagen oder an den Rand gedrängt wird."*

Das bedeutet, dass die Rechte eines Bürgers offensichtlich tiefgreifender sind, als dass dies mit dem Begriff „Kunde" abzudecken wäre. Dies hat eine historische Dimension. Die Rechte eines Bürgers mussten über die Jahrtausende hinweg – seit der ersten Demokratie im antiken Griechenland bis hin zur heutigen Zeit – immer wieder hart erkämpft und auch verteidigt werden. Dadurch sind sie zu einer zentralen Säule eines demokratischen Staates geworden.

Die Rechte eines Bürgers sind jedoch nur ein Aspekt unter vielen, der die Problematik der Bezeichnung deutlich macht. Ein weiterer ist der Vergleich in der Wahlmöglichkeit bei Bürgern und Kunden. Hierzu werden in diesem Kapitel vier Kriterien betrachtet, die beim Vergleich einer Wahlmöglichkeit zwischen Bürgern und Kunden eine Rolle spielen:

- Produktgruppenentscheidung
- Markenentscheidung
- Zeitentscheidung
- Einkaufsstättenentscheidung

Grundsätzliches

Eine Kaufentscheidung ist ein Prozess, der von verschiedenen Kriterien abhängig ist. Das Ergebnis des Prozesses ist der Wille, den Kauf durchzuführen oder davon Abstand zu nehmen.

Die im Prozess enthaltene Produktgruppenentscheidung beschäftigt sich mit der Art von Leistungen, für die das für den Kauf verfügbare Budget verwendet werden soll. Die zu treffende Markenentscheidung orientiert sich an der benötigten Qualität des betrachteten Produkts und damit zwangsläufig am vom Kunden akzeptierten Preis für den Umfang der Leistungen und der dabei angebotenen Qualität des Produkts. Neben der Qualität des Produktes haben die Kunden auch eine Wahlmöglichkeit in Bezug auf die Produktionsbedingungen der Marke, wie z.B. Arbeitsbedingungen oder ökologische Standards.

Die Markenentscheidung kann gleichzeitig auch durch die Gesellschaft sowie das nähere persönliche Umfeld beeinflusst werden. Solcher Art Einflüsse lassen sich durch das folgende Beispiel verdeutlichen: Es steht ein Budget für den Einkauf bereit. Bei der Produktgruppenentscheidung ist die Wahl des Einkaufenden auf das Produkt „Hose" gefallen, da diese am dringendsten benötigt wird. Im sozialen Umfeld tragen aktuell alle Gleichaltrigen Hosen von Tommy Hilfiger. Das prominente Vorbild der sozialen Gruppe des Einkaufenden wird nämlich häufig mit Hosen dieser Marke gesehen. Das kaufwillige Mitglied der sozialen Gruppe wird sich daher sehr wahrscheinlich bei der Markenentscheidung aufgrund des Gruppendrucks für die Marke Tommy Hilfiger entscheiden.

Die Zeitentscheidung bestimmt, zu welchem Zeitpunkt ein Produkt gekauft wird. Sie wird von drei Faktoren beeinflusst:

- Öffnungszeiten der Einkaufsstätte.
- Saisonale Verfügbarkeit des Produkts.
- Soziale Entwicklungen in der Gesellschaft.

Schließlich wird die Zeitentscheidung auch durch die Verfügbarkeit der Angebote beeinflusst. Kann ein Bedarf durch ein Angebot besonders wirtschaftlich gedeckt werden (u.a. Sonderangebot), wird sich der Zeitpunkt der Nachfrage (Zeitentscheidung) an dem Angebot orientieren (Kauf durchführen, solange das Angebot noch gültig ist).

Unter Einkaufsstättenentscheidung wird die Wahl des Händlers (z.B. Tommy Hilfiger-Laden oder Online-Bestellung) verstanden. Diese Wahl kann u.a. durch die örtliche Nähe der Einkaufsstätte in Verbindung mit der Wirtschaftlichkeit im und durch den Kundenservice beeinflusst sein (z.B. Kauf eines Fahrzeugs bei einem ortsansässigen Händler, bei dem die Familie seit 20 Jahren Kunde ist, oder bei einem anderen Händler zu besseren Konditionen).

Vergleich

Im ersten Schritt des Vergleiches werden die Wahlmöglichkeiten innerhalb der Kaufentscheidung von Kunden betrachtet. Es geht hierbei um den Kauf eines Pkw. Im zweiten Schritt des Vergleichs benötigt dieselbe Person einen neuen Personalausweis, da deren aktueller Personalausweis in zwei Monaten seine Gültigkeit verlieren wird.

<u>Der Kunde</u>

Der Kunde (verheiratet, zwei Kinder) besitzt einen Pkw. Die nächste Hauptuntersuchung des Pkw, 10 Jahre alt, ist erst in einem Jahr fällig. Es gibt erhebliche Bedenken, dass der Pkw die nächste Hauptuntersuchung altersbedingt nicht ohne kostenintensive Reparaturen bestehen wird. Die Person (der Kunde) hat ein Budget von ca. 23.000 € angespart (eine Finanzierung des Pkw oder Leasing kommt für den Kunden nicht in Betracht).

- **Produktgruppenentscheidung**

  Bei dieser Entscheidung geht es darum, für welches Produkt das vorhandene Budget eingesetzt werden soll. Der Kunde weiß in diesem Fall, dass in einem Jahr seine Mobilität nicht mehr ohne Investition gewährleistet ist. Es bestehen mehrere Möglichkeiten:

  - o Die Reparatur des vorhandenen Pkw.
  - o Die Nutzung des Öffentlichen Personen Nahverkehrs (ÖPNV).
  - o Der Kauf eines neuen Pkw.
  - o Eine Kombination aus Carsharing und ÖPNV.

  Der Kunde bevorzugt in unserem Fall die Vorteile der Flexibilität, die ein eigener Pkw gewährleisten kann. Sie besteht darin, dass er unabhängig von Fahrplänen mobil sein kann, keinen Aufwand betreiben muss, das nächstliegende Carsharingfahrzeug zu orten und ohne sonstige Vorbereitungszeiten seine Fahrt antreten kann. Die Nutzung des ÖPNV oder eine Kombination aus Carsharing und ÖPNV kommt in unserem Beispielfall für ihn nicht in Frage. So verbleibt die Auswahl zwischen einer Reparatur des vorhandenen Pkw oder einem Neukauf. Der Kunde entscheidet sich in unserem Fall – bedingt durch das fortgeschrittene Alter des Pkws – für den Neukauf.

Der Kunde hatte bei der Entscheidung ein freies Wahlrecht zwischen verschiedenen Produktgruppen und sich in diesem Fall für die von ihm favorisierte Form von Flexibilität mit dem ihm zur Verfügung stehenden Budget entschieden.

- **Markenentscheidung**

Die Markenentscheidung ist von verschiedenen Faktoren abhängig. Eine erste Eingrenzung bei der Auswahl der Marke entsteht durch den Markt. Wird der Markt durch ein Oligopol oder sogar ein Monopol beschränkt, reduziert sich die Wahlfreiheit bis maximal auf Null, wenn ein Monopol auf dem Markt besteht. Der Automobilmarkt in Deutschland ist ein freier Markt (Polypol). Eine Einschränkung der Markenentscheidung, ausgelöst durch den Markt, ist daher beim Neukauf eines Pkws nicht zu berücksichtigen.

Das begrenzte Budget (23.000 €) und die Entscheidung, den Pkw nicht zu finanzieren oder zu leasen, beschränken die Markenentscheidung in diesem Fall auf Hersteller von Mittelklassefahrzeugen. Die Vielzahl der Hersteller im Segment der Mittelklassefahrzeuge führt dann allerdings wieder zu einem ausgeprägten Wahlrecht.

Unter die Markenentscheidung fällt auch die Auswahl der Produktbeschaffenheit. Dazu gehören im Fall des Pkws z.B. die Fahrzeuggröße, das Ausstattungspaket des ausgewählten Modells und die Qualität der Verarbeitung. Der Kunde wird versuchen, die bestmögliche Ausstattung in einer bestmöglichen Qualität zu erhalten. Händler reagieren darauf mit gezielten Angeboten zur Beeinflussung der Kunden, u.a. mit längeren Herstellergarantien oder Rabattaktionen.

Anforderungen an das Produkt sind stets mit Kosten verbunden. Ist das verfügbare Budget nicht ausreichend dimensioniert, muss entweder auf Anforderungen verzichtet oder dann doch das Budget erhöht werden. Die Händler unterstützen diese Überlegungen, indem sie unterschiedliche Ausstattungspakete anbieten, so dass auch mit einem vermeintlich kleinen Budget eine zusätzliche Ausstattung gekauft werden kann.

Vorbilder können Einfluss auf die Markenentscheidung nehmen. Deshalb arbeitet die Werbung der Wirtschaft gerne mit bekannten und beliebten Persönlichkeiten zusammen, um ihren Marken „ein Gesicht" zu geben. Durch Äußerungen oder Aktionen dieser Vorbilder wird der Kunde in seiner Freiheit der Entscheidung beeinflusst. Die Markenentscheidung wird somit auch durch das soziale Umfeld geprägt.

Produktionsbedingungen des Produktes können Einfluss auf die Markenentscheidung des Kunden haben. Möchte ein Kunde bewusst eine bestimmte Form der Produktion fördern, z.B. fairer Handel, Produktion nach ökologischen Standards oder der Verzicht auf Kinderarbeit in der Produktion, wird er versuchen die Marke auszuwählen, die nach seinem Kenntnisstand diese Produktionsformen am wahrscheinlichsten garantiert.

- **Zeitentscheidung**

Die Zeitentscheidung ist beim Fahrzeugkauf vor allem vom Zeitpunkt der Nachfrage geprägt. In unserem Fall des alten Fahrzeugs ist die Entscheidung durch gesetzliche Vorgaben eingeschränkt. Besteht ein Pkw die Hauptuntersuchung nicht, darf er nicht mehr im öffentlichen Raum bewegt werden.

In unserem Fall geht der Kunde davon aus, dass sein Pkw die in einem Jahr fällige Hauptuntersuchung nicht mehr ohne erhebliche Reparaturen überstehen wird. Innerhalb dieses Jahres kann die Zeitentscheidung noch durch eine Veränderung des Angebots beeinflusst werden. Ist beispielsweise bekannt, dass in dieser Zeit ein neues Modell des favorisierten Pkws auf den Markt kommt, wird der Zeitpunkt der Nachfrage entscheidend durch dieses Ereignis geprägt werden.

- **Einkaufsstättenentscheidung**

Der Kunde muss sich für ein Autohaus entscheiden, in dem er seinen gewünschten Pkw kaufen möchte. Da er sich für einen Neuwagen entschieden hat, der erst noch produziert werden muss, könnte er in jedem Autohaus der Marke seine Bestellung vornehmen.

Rabattaktionen haben hier eher einen geringen Einfluss, da sie meist von der Firmenzentrale vorgegeben werden und für alle angeschlossenen Autohäuser bindend sind. Ein deutlich budgetorientierter Kunde wird dennoch seinen persönlichen Aufwand betrachten, um die günstigste Konstellation zu erreichen und danach die Einkaufsstätte aussuchen. Dazu gehören u.a. Fahrtkosten, persönlicher Zeitaufwand und Überführungskosten.

Ein weiterer Faktor bei der Auswahl der Einkaufsstätte ist der angebotene Kundenservice. Bietet ein Autohaus keine zusätzlichen Rabatte, aber einen ausgeprägten Kundenservice an, z.B. kostenlose Leihwagen bei Reparaturen und eine schnelle Durchführung kleinerer Reparaturen, kann dies eine mehr serviceorientierte Entscheidung für die Einkaufsstätte begünstigen.

Der Kunde ist beim Kauf eines Pkws in der Wahl der Einkaufsstätte frei. Einschränkungen der Einkaufsstätte entstehen erst durch persönliche Schwerpunkte innerhalb des Nachfrageprozesses, wie z.B. das Serviceangebot oder ein örtlicher Bezug.

<u>Der Bürger</u>

Im zweiten Schritt des Vergleiches wird nun die Beantragung eines Personalausweises betrachtet.

- **Produktgruppenentscheidung**

  In unserem Beispiel wird der Personalausweis des Bürgers in kurzer Zeit seine Gültigkeit verlieren. In Deutschland besteht eine Ausweispflicht gemäß § 1 Abs. 1 Satz 1 Personalausweisgesetz (PAuswG). Deshalb ist der Bürger dazu verpflichtet, innerhalb der nächsten zwei Monate einen neuen Ausweis zu beantragen.

  Ihm bleibt nicht die Wahl sein Budget zu sparen oder in etwas anderes zu investieren. Bei der Budgetplanung muss der Kunde die Kosten für den Ausweis rechtzeitig einplanen.

- **Markenentscheidung**

Die Markenentscheidung spielt bei der Beantragung des Personalausweises keine Rolle. Die Personalausweise werden von der Bundesdruckerei unter identischen Arbeitsbedingungen in identischer Qualität hergestellt.

Gesellschaftliche Einflüsse sind ebenfalls nicht zu erwarten. Immerhin wird es kaum als „cool" angesehen, einen neuen Personalausweis zu besitzen.

Bei der Markenentscheidung bezüglich des Personalausweises hat der Bürger kein Wahlrecht. Personalausweise werden ausschließlich durch die zuständigen Exekutivorgane des Staates vertrieben und ausgegeben. Es besteht insoweit ein staatliches Monopol.

Seit der Umstellung auf den Personalausweis im Scheckkartenformat (ISO/IEC 7810) zum 01.11.2010 hat der Bürger zumindest begrenzte Auswahlmöglichkeiten bei der Produktbeschaffenheit. Es besteht immerhin die Möglichkeit, über zwei Funktionen selbst zu entscheiden:

  o Online-Ausweisfunktion: Die Online-Ausweisfunktion bietet dem Bürger die Möglichkeit, seine Identität im Internet und an Automaten sicher und eindeutig zu belegen. Dazu werden Daten, wie z.B. der Vor- und Nachname, Geburtstag und Geburtsort sowie die Anschrift auf dem Chip gespeichert. Diese Daten können nur nach der Eingabe einer persönlichen Geheimnummer übermittelt werden.

  o Fingerabdrücke: Die Fingerabdrücke kann der Bürger auf Wunsch auf dem Chip des neuen Personalausweises speichern lassen. Durch einen Computerabgleich können berechtigte staatliche Stellen anhand des Fingerabdrucks feststellen, ob es sich bei der Person tatsächlich auch um den Inhaber des Ausweises handelt. Dadurch soll der Missbrauch von gestohlenen Ausweisen verhindert werden.

Die genannte Auswahl beschränkt sich jedoch ausschließlich auf die Funktionen. Ein Wahlrecht auf Gestaltungselemente wie des Fotos wird dem Bürger nicht eingeräumt. Beim Foto muss es sich um ein biometrisches Passbild handeln.

In unserem Fall nehmen wir an, dass der Bürger häufig Online-Einkäufe tätigt und so die Online-Ausweisfunktion als sinnvolle Neuerung für seinen neuen Personalausweis wählt. Seine Fingerabdrücke möchte er dagegen nicht auf dem Chip speichern lassen.

• **Zeitentscheidung**

Ein Personalausweis ist 10 Jahre lang gültig. Vorausgesetzt, der Ausweis geht vorher nicht verloren oder wird gestohlen, steht damit bereits bei der Ausstellung des Ausweises der genaue Zeitpunkt der Erneuerung fest. Der Bürger muss dabei allerdings noch die unterschiedlichen Bearbeitungszeiten innerhalb der öffentlichen Verwaltung bedenken und den neuen Personalausweis frühzeitig beantragen, bevor er abgelaufen ist. Dies ergibt sich aus der vorgenannten Ausweispflicht. Es ist daher anzuraten, den neuen Ausweis bis zu zwei Monate vor seinem regulären Ablauf zu beantragen.

Die Zeitentscheidung in Bezug auf die Antragstellung bei der zuständigen Verwaltung wird durch die Öffnungszeiten der öffentlichen Verwaltung geprägt sein. Bei dieser Entscheidung entsteht häufig ein Konflikt zwischen der Arbeitszeit des Antragstellers und den Öffnungszeiten der öffentlichen Verwaltung. Auch wenn die öffentliche Verwaltung versucht, ihre Öffnungszeiten auf die Bedürfnisse der Kunden immer besser anzupassen, sollte eine rechtzeitige Beantragung durch die Bürger aufgrund des langfristig bekannten Ablauftermins planbar und unproblematisch umsetzbar sein und nicht zu Lasten der öffentlichen Verwaltung gehen.

Und dennoch geht z.B. die Stadt Wiesbaden so weit, die Bürger per Brief darauf aufmerksam zu machen, dass ihr Personalausweis in Kürze ablaufen wird.

- **Einkaufsstättenentscheidung**

  Bei der Einkaufsstättenentscheidung wird dem Bürger keine Auswahlmöglichkeit eingeräumt, da die Einkaufsstätte gesetzlich vorgeschrieben ist. Ein Personalausweis kann nur in der öffentlichen Verwaltung beantragt werden, in der der Bürger seinen Wohnsitz bzw. Hauptwohnsitz hat (§ 8 Abs. 1 PAuswG).

  Es besteht einzig eine Auswahlmöglichkeit der Einkaufsstätte, wenn die öffentliche Verwaltung noch in einzelnen Stadtteilen Außenstellen betreibt. Allerdings ist hier, bedingt durch die schwächer werdende finanzielle Situation der Kommune, eher ein Trend zur Schließung der Außenstellen zu beobachten. Zumindest ist dieser Trend bei „Schutzschirm-Kommunen" zu beobachten.

  Dann bleibt dem Kunden die Wahl, den Antrag in der Hauptverwaltung oder in einem der Bürgerbüros zu stellen. Das könnte sich durchaus lohnen, da Bürgerbüros häufig an günstigen Orten wie Einkaufszentren gelegen sind, so dass gleich weitere Erledigungen mit dem Besuch des Bürgerbüros verbunden werden können.

Ergebnis

Es wurde betrachtet, ob der Begriff „Kunde" in der öffentlichen Verwaltung Anwendung finden sollte oder ob er dem Bürger nicht gerecht wird und dabei die Würde des Bürgers unterschlägt oder sogar verdrängt. Dies wurde unter dem Aspekt der Wahlmöglichkeiten am Beispiel eines Fahrzeugkaufs und eines Antrags für einen Personalausweis durchgeführt.

Beim Vergleich der Wahlmöglichkeiten lassen sich folgende Ergebnisse feststellen:

- Bei der **Produktgruppenentscheidung** zeigt sich, dass man als Bürger eingeschränkter als es ein Kunde ist. Hier fällt es schwer, beim Antragsteller eines Personalausweises von einem Kunden zu sprechen.

- Der Vergleich der **Markenentscheidung** zeigt ebenfalls, dass der Bürger kein Wahlrecht hat, denn der Personalausweis wird ausschließlich vom Staat produziert und ausgegeben.

Dem staatlichen Monopol beim Personalausweis steht eine Vielzahl an Automarken für den Kunden gegenüber. Auch hier fällt es schwer, Bürger als Kunden zu bezeichnen.

- Das Ergebnis des **Zeitentscheidungsvergleichs** hat bei beiden Beispielen eine Einschränkung bis zu einem gewissen Grad ergeben. Die Entscheidung über den Zeitpunkt des Antrags auf einen Personalausweis ist durch die gesetzlich geregelte Gültigkeitsdauer eingeschränkt. Beim Fahrzeugkauf kommt es auf die Marktlage und die Produktionszeiten für das gewünschte Fahrzeug an. Ein Kunde kann auch nur den Fahrzeugtyp kaufen, der zum Zeitpunkt seiner Entscheidung am Markt erhältlich ist. Ansonsten muss er seine Entscheidung anpassen. Auch dieser Ansatz lässt es schwerfallen, Bürger als Kunden zu bezeichnen.

- Beim Vergleich der **Einkaufsstättenentscheidung** ist unschwer zu erkennen, dass der Bürger an die Kommune gebunden ist, in der er gemeldet ist und er somit kein Wahlrecht besitzt. Als Kunde hat man hingegen die freie Auswahl, wo man seinen Einkauf tätigt. Insoweit ist auch hier der Begriff Kunde eher unpassend.

Es lassen sich also kaum Argumente finden, den Begriff „Kunde" in der öffentlichen Verwaltung zwingend einführen zu müssen.

Merkwürdige Sichtweise in öffentlichen Verwaltungen

Interessant ist allerdings, dass der Begriff „Kunde" in der öffentlichen Verwaltung trotzdem durchgesetzt werden soll. Ein Grund dafür könnte eine erstaunliche und in einer Hochschule feststellbare Sichtweise von Aufstiegsbeamten sein: „Bürger stehen in einem Unterstellungsverhältnis zur öffentlichen Verwaltung". Diese Sichtweise scheint sich aufgrund der rechtlichen Pflichten der Bürger entwickelt zu haben, was allerdings nicht zum eingangs betrachteten Begriff der „Würde" zu passen scheint.

Wenn Bürger über Jahrhunderte hinweg um ihre Rechte kämpfen mussten, stellt sich die Frage, ob sie das heute noch immer gegenüber ihrer öffentlichen Verwaltung tun müssen. Immerhin haben sie beispielsweise nicht nur die Pflicht, sich einen Personalausweis ausstellen zu lassen, sondern sie haben vielmehr das Recht, einen solchen zu erhalten. Die öffentliche Verwaltung steht in der Pflicht, die Ausstellung des Ausweises nicht zu verweigern, wenn die notwendigen Voraussetzungen erfüllt sind.

Der Bürger kann schließlich seine Rechte über verschiedene Instrumente einfordern, was wohl kaum für ein Unterstellungsverhältnis gegenüber der öffentlichen Verwaltung spricht. Schließlich ist sie dem Legalitätsprinzip verpflichtet und man könnte bei dieser Sichtweise prinzipiell sogar soweit gehen, die öffentliche Verwaltung dem Bürger gegenüber unterstellt zu sehen.

Aber auch die öffentliche Verwaltung kann die Pflichten der Bürger einfordern, so dass dieser wohl kaum in einem Überstellungsverhältnis zur öffentlichen Verwaltung steht.

Insgesamt erscheint es daher wenig sinnvoll zu sein, überhaupt die Begriffe „Unterstellung" und „Überstellung" im Verhältnis der öffentlichen Verwaltung gegenüber den Bürgern zu verwenden.

Fazit

Die Begriffe „Kunde" und „Bürger" sind grundverschieden. Das zeigt sich an einem Beispiel wie der Wahlfreiheit. Dies jedoch als Problem oder Besonderheit zu sehen, scheint wenig sinnvoll zu sein. Vielmehr scheint es für die öffentliche Verwaltung und die Bürger von Vorteil zu sein, sich der Unterschiede bewusst zu sein und sie so hinzunehmen, wie sie sind.

Die Kommunen versuchen, sich als Dienstleister darzustellen und beispielsweise durch Bürgerbüros den Bürgern mehr Nähe und Service für ihre „Amtsangelegenheiten" zu bieten. Die Nähe und der Service werden aber nicht durch Gesetze und Vorschriften „beschränkt", sondern vielmehr definiert. So wie sich das Unternehmenspersonal an die Vorgaben der Geschäftsleitung zu halten haben, muss das Verwaltungspersonal die Vorgaben der Volksvertreter (Gesetze) und der jeweiligen Regierungen (Richtlinien, Erlasse) beachten und sich daranhalten.

Dass sich das Verwaltungspersonal an andere Richtlinien zu halten hat als andere Arbeitnehmer, sollte kein Kriterium für die Beurteilung sein, ob sich die eine Gruppe beim Einhalten „ihrer" Regeln bürokratisch verhält und die andere nicht, weil sie anderen Regeln folgt.

Es wäre hilfreich, wenn sich das Verwaltungspersonal und die Bürger diese Denkweise bewusstmachen, sie übernehmen und danach handeln würden. Dann würde sich ein Vergleich der Begriffe „Kunde" und „Bürger" vermutlich sogar erübrigen.

Werbung durch die öffentliche Verwaltung

(angelehnt am Ergebnis von Gruppe 8)

Ob im Fernsehen, Radio, in Tageszeitungen, Fachzeitschriften, im Internet oder auf Apps eines Smartphones: Werbung ist auf allen Medien präsent und ein allgegenwärtiger Bestandteil unseres Alltagslebens. Wir werden täglich von Unternehmen auf ihre Produkte und Dienstleistungen aufmerksam gemacht und zum Kauf angeregt. Neben dem Verkauf der Ware und dem damit unmittelbar verknüpften Unternehmenserfolg, zielt die konsumentenbezogene Werbung darauf, ein positives Image des Anbieters zu generieren und beim Empfänger positive und angenehme Assoziationen aufzubauen.

In diesem Kapitel wird erörtert, ob die öffentliche Verwaltung (speziell Bürgerbüros) analog der Wirtschaft Werbung für ihre Aufgabenstellungen betreiben sollte.

Werbung

Werbung ist das geplante Verhalten eines Senders, über Botschaften die Einstellung eines Empfängers gegenüber einem beworbenen Produkt zu beeinflussen. Dazu werden die Botschaften über Werbeträger verbreitet. Im Erfolgsfall führt die Einstellung des Empfängers dazu, sich dem Produkt zuzuwenden und es zu erwerben. Insoweit ist das Werben auch darauf ausgerichtet, den Empfänger vom beworbenen Produkt zu überzeugen.

In der Wirtschaft

In der heutigen multimedialen Zeit existieren immer mehr und immer innovativere Methoden, um Produkte „ins Gespräch" zu bringen. So lässt sich ein Alltag ohne Werbung kaum noch vorstellen. Sie begleitet uns beim Einkaufen, Fernsehen, Zeitunglesen und selbst beim Spaziergang durch die Stadt.

Um die vorgesehenen Zielgruppen zielgenau erreichen zu können, werden unterschiedliche Arten von Werbung verwendet. Dazu müssen die Werbenden zunächst festlegen, zu welchem Zweck und für welche Zielgruppe das beworbene Produkt am besten geeignet bzw. am interessantesten ist. Daraus ergibt sich die Analyse, welche Werbemaßnahmen infrage kommen.

Gerade aufgrund des wachsenden Konkurrenzkampfes wird der Einsatz vielfältiger Werbemaßnahmen in der Wirtschaft immer wichtiger. Angepriesene Produkte reichen von Informationsdienstleistungen und Reparaturen über Lieferservice bis hin zum einfachen Verkauf von Fahrzeugen, Medikamenten oder Spielzeug. Zwar sollen durch die Werbemaßnahmen hauptsächlich die vom Unternehmen beabsichtigten Zielgruppen erreicht werden, aber gleichzeitig ist auch gewollt, möglichst viele Menschen über das Unternehmen und seine Produkte zu informieren, um den Kundenkreis zu erweitern.

Zu den Werbeträgern zählen Zeitschriften- und Internetwerbung sowie Fernseh- und Radiospots, Ausstellungen, Plakate und Anschlagstellen wie Litfaßsäulen, Straßenlaternen oder große Plakatwände.

Die Zielgenauigkeit der Werbung richtet sich nach der Bestimmtheit der Zielgruppe. Bei der „gezielt gestreuten Werbung" werden Personen angesprochen, die bereits als Zielgruppe identifiziert wurden, z.B. Autofahrer, die einen Flyer mit dem Hinweis auf eine neue Tankstelle erhalten. Im Gegensatz dazu erfolgt beispielsweise die „ungezielt gestreute Werbung" durch Plakate, so dass alle Personen Notiz nehmen können. Es wird dabei keine bestimmte Zielgruppe direkt angesprochen.

Zeitliche Gesichtspunkte ergeben sich beispielsweise dadurch, ob erstmalig oder zum wiederholten Mal für das Produkt geworben wird bzw. ob das Produkt bekannt ist oder nicht. Dementsprechend müsste der Werbeträger mehr Informationen enthalten, wenn es sich um „Einführungswerbung" handelt, oder er kann entsprechend bei „Fortführungswerbung" kurzgehalten werden. Außerdem muss unterschieden werden, ob die Werbung periodisch durchgeführt wird, also immer zu einer bestimmten Jahreszeit (z.B. Sonnencremewerbung nur im Sommer/Frühjahr), wobei je nach Periodenlänge zwischen kurz-, mittel- und langperiodischer Werbung zu unterscheiden ist.

Ziele der Werbung können darin bestehen, dass das Unternehmen eine Steigerung des Marktanteils (durch „Expansionswerbung"), einen Erhalt des derzeitigen Marktanteils (durch „Erhaltungswerbung") oder sogar einen Rückgang des Marktanteils (durch „Reduktionswerbung") erreichen möchte. Letzteres geschieht vor allem im Rahmen der Nachfragelenkung.

Das Produkt, für das geworben wird, spielt ebenfalls eine große Rolle. Es wird differenziert, ob es sich um eine Sachleistungswerbung, wie z.B. um Werbung für einen Grill oder ein Shampoo, handelt, oder ob eine Dienstleistung, wie etwa ein Lieferservice oder eine neue Auskunftshotline, beworben werden soll. Auch stellt sich hier die Frage, ob es sich bei dem Produkt um ein Konsumgut (z.B. Zahncreme) oder um ein Produktivgut (für industrielle Zwecke) handelt. Zudem kann unter anderem noch unterschieden werden, ob die Zielgruppe als gesamte oder das interessierte Individuum (z.B. durch verteilte Werbebriefe) adressiert wird und welcher Sinn (Auge, Ohr, etc.) angesprochen werden soll.

In der Verwaltung

Für ein Bürgerbüro könnte Werbung dazu dienen, dass Bürger sowohl vom direkten und schnellen Service des Bürgerbüros als auch von der Möglichkeit überzeugt werden, ggf. unnötige Wege einsparen zu können. Als Nutzen für den Bürger könnte herausgestellt werden, dass sich die öffentliche Verwaltung mit ihrem Dienstleistungsangebot auf sie ausrichtet. Dabei könnte auch vermittelt werden, dass der Nutzen für die Organisation darin liegt, dass sich der Publikumsverkehr weitgehend auf das Bürgerbüro konzentriert und so die anderen Bereiche der Verwaltung entlastet werden. Das Bürgerbüro würde damit ein Serviceangebot offerieren, bei der die Kundenausrichtung, Offenheit und transparente Gestaltung für den Bürger im Mittelpunkt steht.

Der öffentlichen Verwaltung stehen ebenfalls alle Werbeträgerarten zur Verfügung, wobei sicherlich kostenintensive Aktivitäten, wie z.B. Fernsehwerbung aufgrund der zu erwartenden Kosten-Nutzen-Relation, eher nicht zur Anwendung kommen werden. Lokale Zeitungen und Radiosender sowie Werbung durch Ausstellungen, Informationsstände oder Plakate lassen sich dagegen zur Werbung nutzen.

Auch die Zielgenauigkeit ließe sich für die öffentliche Verwaltung erreichen, indem z.B. Flyer für ein Kindertheater gezielt in Kindergärten ausgelegt werden. Werbung für ein großes Stadtfest ließen sich öffentlich gut sichtbar als Plakate in der Stadt aushängen.

Die zeitlichen Aspekte sind wohl für die öffentliche Verwaltung wegen ihrer teilweisen Monopolstellung kaum relevant. Sie hat in diesem Sinne weniger auf einen Absatzmarkt zu reagieren. Lediglich bei immer wiederkehrenden Festen kann man von einer periodischen Werbemaßnahme sprechen, da immer nur kurz vorher für das besagte Fest geworben würde.

Die Frage, ob es sich um ein neues Produkt (z.B. ein neues Event in der Stadt-halle) oder ein schon lange existierendes Produkt (z.B. traditionsreiches Stra-ßenfest) handelt, kann für die Werbung der öffentlichen Verwaltung relevant sein (z.B. muss die Frage, wo das Fest stattfindet, nicht auf den Plakaten be-antwortet werden, wenn das Straßenfest schon seit Jahrhunderten existiert).

Die entsprechenden Werbeziele spielen ebenfalls eine untergeordnete Rolle, da die öffentliche Verwaltung weder durch Kontrolle des Absatzmarktes eine Reduktion ihres Produktes noch eine Expansion durchführen muss bzw. auf-grund ihrer Begrenzung (Stadt-/Kreis-/Landesgrenzen) lokal agiert.

Da es sich bei den Produkten der öffentlichen Verwaltung nahezu ausschließ-lich um Dienstleistungen handelt, bedarf es keiner Differenzierung der Pro-duktart bei den Werbemaßnahmen der öffentlichen Verwaltung.

Werbestrategie

Bevor man sich überhaupt mit einer Werbestrategie befassen kann, müssen als Basis die Ziele definiert werden. Diese sollten präzise formuliert und auf einen Zeitpunkt bzw. Zeitraum bestimmt sein.

Ist die Zieldefinition erarbeitet, erfolgt die Definition der Werbestrategie nach folgenden Aspekten:

- Werbeziel: Welche Wirkung soll erreicht werden?
- Zielgruppe: Wer soll umworben werden?
- Werbeträger: Welche Medien sollen genutzt werden?
- Werbemittel: In welcher Form soll geworben werden?
- Werbebotschaft: Was soll kommuniziert werden?
- Werbeetat: Welche Geldmittel sollen eingesetzt werden?
- Werbetiming: Wann und wie lange soll geworben werden?

In der Wirtschaft

Viele große Unternehmen versuchen, ihre Produkte in verschiedenen Absatz-märkten sowohl national als auch international anzubieten.

Hierbei müssen sie sich zwischen zwei grundlegenden Strategien entscheiden:

- **Standardisierungsstrategie**: Diese Strategie verfolgt den Zweck, für das gleiche Produkt in verschiedenen Ländern die gleichen Werbemaßnahmen zu verwenden. Dies spart Kosten und vereinfacht die Planung und Verwirklichung des Konzepts. Allerdings birgt sie auch die Gefahr, dass kulturelle Unterschiede außer Acht gelassen werden.

  Dadurch kann es zur Reduzierung des Erfolgs kommen. Z.B. wollte sich Coca Cola auf dem spanischen Markt mit seinen 2-Literflaschen etablieren. Dies scheiterte aber daran, dass in Spanien die Kühlschränke dafür zu klein waren. Insoweit ist es zwingend erforderlich, den spezifischen Absatzmarkt und das beworbene Produkt mit den örtlichen Gegebenheiten in Einklang zu bringen.

- **Differenzierungsstrategie**: Bei dieser Strategie versuchen die Firmen mit ihrer Werbung auf die kulturellen Gegebenheiten der einzelnen Absatzmärkte in den verschiedenen Ländern einzugehen. Allerdings unterscheidet sich deren Sichtweise darüber, was als eigenständiger Kulturraum anzusehen ist. Einige gehen dabei recht grob vor. Sie teilen die Welt ein in Europa und Nordamerika, Südamerika, Asien, die arabische Welt und in den Rest der Welt. Andere wiederum nehmen eine viel engere, kleinere Einteilung vor.

  Doch aufgrund des erheblichen Mehraufwands in Planung, Entwicklung und den dadurch erheblich höheren Kosten sträuben sich viele Unternehmen diese Differenzierung vorzunehmen. Immerhin besteht das Ziel gerade darin, länderübergreifend ein einheitliches Erscheinungsbild mit gleichen Merkmalen anzubieten.

Insoweit ist die standardisierte Werbestrategien eher für Produkte geeignet, die einen geringen Bezug zur jeweiligen Kultur haben, z.B. Technologieprodukte. Kleidung, Stoffe oder auch Lebensmittel sind dagegen Beispiele für eine Differenzierung, da diese Produkte meist eine hohe kulturelle Bedeutung besitzen.

Hat man sich nun auf eine Strategie festgelegt, wird das Ziel weiter präzisiert und der Zeitraum für die durchzuführende Werbung festgelegt. Dabei wird auch die Zielgruppe definiert, die das Unternehmen mit seinem Produkt ansprechen will. Die Zielgruppendefinition ist bei der Planung ein elementarer Baustein.

Würde das Unternehmen der falschen Zielgruppe ihr Produkt anbieten, wird es sich nicht oder nur schwerlich verkaufen lassen. Die Definition der Zielgruppe erfolgt oft nach sozialen und finanziellen Faktoren. Aber auch gleiche Wünsche und Bedürfnisse sowie Alter und Religion können relevante Faktoren sein.

Die Werbestrategie bezieht auch die zu verwendenden Werbeträger ein. Je nach zu vermittelnder Botschaft kann die Begrenzung auf nur eine Plattform sinnvoll sein. Aber es lässt sich auch ein sinnvoller Mix aus Zeitung, Fernsehen oder Internet zusammenstellen.

Die dabei zu vermittelnde Werbebotschaft wird häufig nach dem Kiss-Prinzip (Keep it simple and stupid) aufgebaut. Es geht darum, die Werbebotschaft so einfach und verständlich wie möglich zu formulieren, damit sie für den Empfänger in kurzer Zeit erfasst und verstanden werden kann. Kurze und klare Sätze oder auch nur kurze Aufzählungen mit den elementaren Werbeargumenten sind dabei ratsam.

Das zur Verfügung stehende Werbebudget ist ein entscheidender Faktor für die Überlegung, welches Medium für die Werbung ausgewählt werden sollte. Ein 30-Sekunden Werbespot im TV kann je nach Sendezeit mehrere tausende oder auch zehntausende Euro kosten, während Bannereinblendungen im Internet erheblich kostengünstiger zu schalten sind.

Auch das Werbetiming ist zu beachten. Hier wird festgelegt, ob die Werbung beispielsweise nur innerhalb eines Jahres oder über mehrere Jahre hinweg erscheinen soll. Weiterhin wird die Häufigkeit des Erscheinens festgelegt, was sich z.B. am Umsatz des Unternehmens festlegen lässt. In einer umsatzstarken Periode ließe sich die Werbung weniger häufig und in einer umsatzschwachen eher häufiger schalten.

Außerdem ist bei Werbespots für ein bestimmtes Produkt die Tageszeit ein wichtiger Faktor. So werden Kinderprodukte (Nahrung, Windeln oder Spielzeug) vermehrt vormittags bis zum frühen Nachmittag ausgestrahlt, da hier die Zielgruppe am ehesten angesprochen werden kann.

In der Verwaltung

Auch bei der Entwicklung der Werbestrategie für die öffentliche Verwaltung lassen sich die vorgenannten Aspekte berücksichtigen. Allerdings geht es bei der Bildung des Werbeziels für die öffentliche Verwaltung nicht darum, ein Produkt auf vielen verschiedenen Märkten in vielen verschiedenen Ländern zu etablieren. Deren wesentliches Ziel lautet „Allgemein- bzw. Gemeindewohl" mit dem „Nebenziel" öffentliche Interessen zu verfolgen. Weiterhin ist die öffentliche Verwaltung in ihrer Zielbildung vorgeprägt, denn Gesetze und politische Leitlinien geben die zu verfolgende Gesamtstrategie vor.

Dennoch ist es der öffentlichen Verwaltung möglich, die groben Ziele im vorgegebenen Rahmen zu verfeinern. Dazu können die Steigerung der eigenen Leistungsfähigkeit, die Imageverbesserung der eigenen Behörde und die Erhöhung der Bürgernähe gehören.

Die Einteilung der Bürger in Zielgruppen sollte von der öffentlichen Verwaltung mit besonderer Sorgfalt vorgenommen werden. Immerhin bietet sie eine Methode, zielorientiert „bürgernäher zu arbeiten" und auf die Bedürfnisse der unterschiedlichen Bürgergruppen situationsgerecht einzugehen.

Auch der öffentlichen Verwaltung steht eine Vielzahl auswählbarer Werbeträger zur Verfügung. Die Besonderheit der öffentlichen Verwaltung besteht aber darin, dass sie neben der Nutzung von Werbeträgern vor allem den direkten Kontakt zu den Bürgern „in die Waagschale werfen" kann. Für sie zählen der persönliche Kontakt, das Direkt-Marketing (z.B. Werbebriefe oder Mailings) und die Öffentlichkeitsarbeit zu den wichtigsten Instrumenten. Aber auch das Internet wird als öffentlicher Kommunikationskanal immer mehr genutzt.

Für die Übermittlung der Werbebotschaft stellt sich die Verwaltungssprache als eine Problematik dar. Rechtsnormen müssen präzise, aber gleichzeitig für den Laien verständlich formuliert werden. Das sogenannte „Amtsdeutsch" kann zur Folge haben, dass Bürger verunsichert werden. Es kann sogar vorkommen, dass Bürger die Verwaltungssprache als Machtdemonstration der öffentlichen Verwaltung empfinden und somit deren Zielsetzung zur Bürgernähe unglaubwürdig erscheint.

Insoweit ist es für die öffentliche Verwaltung elementar, sich dieser Problematik bewusst zu sein und eine für die Werbebotschaft sinnvolle Alltagssprache zu nutzen und nur dann die juristische Sprache zu nutzen, wenn dies unerlässlich ist.

Gerade in der öffentlichen Verwaltung richtet sich die Art und der Umfang der Werbung nach dem vorhandenen Budget des jährlichen Haushalts. Da die öffentliche Verwaltung hier nur wenig Erfahrung besitzt, muss damit gerechnet werden, dass politische Verantwortungsträger und auch das Verwaltungspersonal den Sinn für Werbung durch die öffentliche Verwaltung als überflüssig ansehen und die Ausweisung eines Werbebudgets ablehnen. Hier wird noch viel Überzeugungsarbeit zu leisten sein.

Das Werbetiming spielt in der öffentlichen Verwaltung eher eine untergeordnete Rolle, da die Mehrzahl der öffentlichen Produkte und dessen Bedarf ganzjährig und zu jeder Zeit von den Bürgern in Anspruch genommen werden kann.

Fazit

Im Ergebnis lässt sich festhalten, dass Werbung in Form von Werbearten und Werbestrategien nicht ohne Weiteres von Unternehmen der Wirtschaft auf Bürgerbüros der öffentlichen Verwaltung übertragbar ist. Dazu sind die Voraussetzungen, Ziele und die Absender/Empfänger der Werbung zu unterschiedlich.

Verwaltungsprodukte werden nahezu ausschließlich vom Staat angeboten und unterliegen demnach keinem Konkurrenzkampf, wie es in der Wirtschaft der Fall ist. Es besteht also gar keine zwingende Notwendigkeit, Werbung für die Aufgaben und Produkte eines Bürgerbüros zu betreiben. Während in der Wirtschaft das Produkt den Kunden zwingend erreichen muss, um verkauft zu werden, obliegt es dem Bürger, im Bürgerbüro zu erscheinen, um sein Anliegen vorzutragen.

Die Voraussetzungen sind also genau umgekehrt. Dem Bürger fehlt die Alternative, ob er nun durch Werbung über die öffentlichen Produkte informiert wurde oder nicht.

Dennoch gibt es Raum für den Ansatz, dass sich ein Bürgerbüro zumindest punktuell an der Werbung der Wirtschaft orientieren kann. Vielleicht ist es gerade deshalb möglich, durch Werbemaßnahmen ein positiveres Image für die Behörde und eine höhere Transparenz gegenüber den Verwaltungsabläufen zu erzeugen, weil hierzu keine Notwendigkeit besteht.

Das Bürgerbüro muss dabei auch nicht auf althergebrachte Werbeträger setzen, sondern kann das vergleichsweise günstige Internet nutzen, angefangen bei einer eigenen, übersichtlichen und leicht verständlichen Homepage, das als ständige und vor allem aktuelle Informationsquelle dienen sollte. Weiterhin sollte im Zeitalter von Social Media auch Facebook als Informationsplattform genutzt werden.

Dieses Medium ist kostengünstig und man kann multimedial agieren, also neben Text und Bildformaten auch Videosequenzen in kürzester Zeit verbreiten. Ebenso ist das Internet orts- und zeitunabhängig erreichbar.

Die öffentliche Verwaltung sollte sich dazu entschließen, ihre Werbung Schritt für Schritt zu intensivieren, um den Fokus der Bürger auf ihre breite Produktpalette zu richten. Sie würde den Bürgern hierdurch transparenter und aktueller erscheinen können. Dazu sollten die Zielgruppen definiert und gezielt angesprochen werden, um den Bürgern zumindest den Eindruck zu vermitteln, dass sie für die öffentliche Verwaltung dem Bild von Kunden näher kommen, als denen von reinen Antragstellern oder im schlimmsten Fall sogar von „Bittstellern".

Vielleicht ließe sich dadurch auch das Stereotyp der bürokratischen öffentlichen Verwaltung abbauen.

Literatur

Bundesverwaltungsamt (2002): BBB-Arbeitshandbuch „Bürgernahe Verwaltungssprache", 4. Auflage, Köln.

Drucker, P. (2007): The Effectice Executive, Oxford.

Fischer, T. et al (2011): Schriftenreihe „Moderne Verwaltung in der Lehre", Verwaltungsmanagement und Organisation, 1. Auflage, Frankfurt.

Gourmelon, A. / Mroß, M. / Seidel, S. (2011): Management im öffentlichen Sektor, Organisationen steuern - Strukturen schaffen - Prozesse gestalten, Heidelberg.

Kaspersky, E. (2015): „Wir leben im Cyber-Mittelalter" in Spiegel, Ausgabe 49/2015 (online Version).

Kotler/Bliemel (1992): Marketing-Management, 7. Auflage, Stuttgart.

Kotter, J. (1991): Abschied vom Erbsenzähler (im Englischen: Leadership – A Force for Change), Düsseldorf.

Leitl, M. (2005): „Bürokratie", in Harvard Businessmanager, Artikel vom 22.11.2005, Hamburg.

Malik, F. (2006): Führen – Leisten – Leben, München.

Nerdinger, F. (2003): Kundenorientierung, Band 4, Verlag Hogrefe.

Pepels, W. (2009): Handbuch des Marketings, 5. Auflage, Oldenbourg.

Schulz von Thun, F. (1981): Miteinander reden 1: Störungen und Klärungen, Reinbek bei Hamburg.

Scott–Morgan, P. (2008): Die heimlichen Spielregeln: Die Macht der ungeschriebenen Gesetze im Unternehmen, Frankfurt am Main.

Watzlawick, P. (1978): Wie wirklich ist die Wirklichkeit?, Verlag Piper.

Watzlawick, P. (1983): Anleitung zum Unglücklichsein, Verlag Piper.

Weber, M. (2005): Wirtschaft und Gesellschaft: Grundriss der verstehenden Soziologie, Zweitausendeins.

Bisher in dieser Reihe erschienen:

Dieter Laux (Hrsg.)

Ist der öffentliche Dienst als Arbeitgeber zukunftsfähig?

236 Seiten – 15,80 € - ISBN 978-3-7347-5449-3

Organisationen des öffentlichen Dienstes stellen immer mehr fest, dass es für sie auf dem Arbeitsmarkt schwierig ist, sich im Wettbewerb um junge Menschen gegen Unternehmen der Privatwirtschaft durchzusetzen. Es scheint so, als würde es dem öffentlichen Dienst vor allem nicht gelingen, den Vorurteilen gegenüber öffentlichen Arbeitgebern die Grundlage zu nehmen.

Die Studenten des Masterstudiengangs Public Management an der Hochschule für Polizei und Verwaltung haben sich im Rahmen des Moduls „Personalressourcenmanagement" die Frage gestellt, ob der öffentliche Dienst zukunftsfähig ist. Immerhin wird dem öffentlichen Dienst noch immer eine veraltete Grundeinstellung zur Arbeitsgestaltung und seinem Personal nachgesagt.

Die Masterstudenten sind dabei der Frage nachgegangen, ob das noch immer so ist, oder ob nicht bereits modernes Gedankengut in den Behörden und Institutionen des öffentlichen Dienstes angekommen ist. Ziel ist es festzustellen, ob sich der öffentliche Dienst für künftige Arbeitskräfte modern und attraktiv darstellt.

Das Buch ist insofern von Praktiker für Praktiker gedacht.

Dieter Laux (Hrsg.)

Monotonie oder Flexibilität

Wohin entwickelt sich die öffentliche Verwaltung der Zukunft?

364 Seiten – 19,80 € - ISBN 978-3-7392-3172-3

Die öffentliche Verwaltung möchte sich gerne flexibel aufstellen. Gut gemeinte Ansätze haben aber oftmals eine „Querwirkung" auf Faktoren, die eher unflexibel wirken. Flexibilität lässt sich folglich nicht „anordnen". Es kommt vielmehr darauf an, sich ständig zu hinterfragen, um Änderungspotenzial zu erfahren. Dieses Änderungspotenzial ließe sich aufnehmen und bewerten. Das Ergebnis können Handlungen sein. Allerdings sollten sich die Verantwortlichen darüber im Klaren sein, dass eine sinnvolle „Handlung" auch darin bestehen kann, nichts zu tun! Manchmal ist eine Konstellation genau so richtig, wie sie bereits seit Jahren eingeübt wurde.

Flexibel zu agieren heißt, sich an den gegebenen Rahmenbedingungen zu orientieren und bezogen auf die beeinflussbaren und nicht beeinflussbaren Parameter abzuwägen, ob man (noch) gut aufgestellt ist oder ob es sinnvoll ist, die Zukunft neu zu gestalten. Dazu wird empfohlen, einen evolutionären Ansatz zu verfolgen, bei dem das vorhandene „Richtige" belassen und das notwendig zu Ändernde mittel- und langfristig geplant und angegangen wird.

Das Buch untersucht anhand von Einzelfällen der Verwaltungspraxis, inwieweit sich die öffentliche Verwaltung über „das Richtige" bereits im Klaren ist.